人民群众与"四个全面"研究丛书

王炳林 主编

人民群众与全面依法治国

肖贵清等 著

中国言实出版社

图书在版编目（CIP）数据

人民群众与全面依法治国 / 肖贵清等著. -- 北京：
中国言实出版社, 2019.4

ISBN 978-7-5171-3145-8

Ⅰ. ①人… Ⅱ. ①肖… Ⅲ. ①社会主义法制－建设－
研究－中国 Ⅳ. ①D920.0

中国版本图书馆 CIP 数据核字（2019）第 109104 号

责任编辑：张　丽
责任校对：代青霞
出版统筹：胡　明
责任印制：佟贵兆
封面设计：徐　晴

出版发行　　中国言实出版社
　　　　　　地　　址：北京市朝阳区北苑路 180 号加利大厦 5 号楼 105 室
　　　　　　邮　　编：100101
　　　　　　编辑部：北京市海淀区北太平庄路甲 1 号
　　　　　　邮　　编：100088
　　　　　　电　　话：64924853（总编室）　64924716（发行部）
　　　　　　网　　址：www.zgyscbs.cn
　　　　　　E-mail：zgyscbs@263.net
经　　销　　新华书店
印　　刷　　北京虎彩文化传播有限公司
版　　次　　2019 年 7 月第 1 版　　2020 年 1 月第 2 次印刷
规　　格　　710 毫米×1000 毫米　1/16　　11 印张
字　　数　　180 千字
定　　价　　48.00 元　　ISBN 978-7-5171-3145-8

总　序

王炳林

　　把党的群众路线贯彻到治国理政全部活动之中，是中国共产党践行全心全意为人民服务根本宗旨的必然要求。"四个全面"战略布局是时代和实践发展对党和国家工作的新要求。对人民群众与"四个全面"战略布局的关系进行深入研究，既有助于深化对以人民为中心的发展思想的认识，也有助于充分调动广大人民群众的积极性和创造性，协调推进"四个全面"战略布局。

　　历史唯物主义认为，人民群众是历史的创造者，是推动社会发展的根本力量。作为习近平新时代中国特色社会主义思想的重要内容，"四个全面"战略布局鲜明体现着历史唯物主义这一最基本的道理。"四个全面"战略布局不仅是从人民群众的热切期待中得出来的战略思想，而且是解决人民群众关心的突出矛盾和问题的战略举措。习近平总书记强调，我们要紧紧依靠人民，从人民中汲取智慧，从人民中凝聚力量，按照全面建成小康社会、全面深化改革、全面依法治国、全面从严治党的战略布局，更加扎实地推进经济发展，更加坚定地推进改革开放，更加充分地激发创造活力，更加有效地维护公平正义，更加有力地保障和改善民生，更加深入地改进党风政风，为国家增创更多财富，为人民增加更多福祉，为民族增添更多荣耀。这一重要论述，深刻指明了"四个全面"战略布局鲜明的人民立场，彰显了以习近平同志为核心的党中央坚持以人民为中心的执政理念、心系人民群众的真挚情怀，为我们正确认识人民群众与"四个全面"战略布局之间的关系提供了根本遵循。

　　人民群众与全面建成小康社会。全面提高人民生活水平是全面建成小康社会的重要目标。出自《礼记·礼运》的"小康"概念，表达了人民群众对安定、幸福生活的恒久守望。中国共产党使用"小康"这个概念，既顺应了人民对美好生活的向往，也容易得到广大人民的理解和支持。人民"期盼有更好的教育、更稳定的工作、更满意的收入、更可靠的社会保障、更高水平的医疗卫生服务、更舒适的居住条件、更优美的环境，期盼着孩子们能成长得更好、工作得更好、生活得更好"，这是习近平总书记在十八届中央政治局常委同中外记者见面时用群众语言对全面小康作的形象表达。全面建成小康社会的标准，最终要体现在增进人民福祉、提高人民生活水平上。党的十八大报告把城乡居民人均收入到2020年比2010年翻一番作为全面建成小康社会的一个标准，就体现了这一点。全面建成小康社会，是实现中华民族伟大复兴中国梦的关键一步，展现了中国特色社会主义事业全面发展的美好前景。美好的蓝图不会自动实现，离不开人民群众的劳动和奉献。党的十九大报告指出，从现在到2020年，是全面建成小康社会决胜期。要打赢全面建成小康社会攻坚战，如期实现全面建成小康社会的奋斗目标，必须充分调动人民群众的积极性主动性创造性，最广泛地动员和组织人民群众积极投身全面建成小康社会的伟大实践，让广大人民群众献计献策献力。人人都是全面小康社会建设的主体，人人也应当享受小康成果。全面建成小康社会的核心在"全面"，这个"全面"体现在覆盖人群上就是包括全体人民的小康；体现在覆盖地区上就是不分地区的小康，意味着全国各地都要迈入小康社会。习近平总书记一再强调，全面建成小康社会，"最艰巨最繁重的任务在农村，特别是在贫困地区""小康不小康，关键看老乡""一个民族都不能少""决不能让一个苏区老区掉队"。这充分说明，全面建成小康社会还要求推动经济社会协调发展，推进城乡发展一体化，推动区域经济协调发展，逐步实现全体人民共同富裕和社会公平正义。

　　人民群众与全面深化改革。一切为了人民是全面深化改革的出发点和落脚点，坚持以人民为中心是全面深化改革的基本原则。习近平总书记指出："我们推进改革的根本目的，是要让国家变得更加富强、让社会变得更加公平正义、让人民生活得更加美好。"改革开放40多年来，我们党之所以能够得到广大人民群众的拥护和支持，最根本的原因就是人民群众从改革发展中得到了实实在在的"红利"，人民群众生活水平得到显著提高。改革开放以来，我国农村7亿多贫困人口摆脱贫困，贫困发生率由1978年的97.5%下降到2018年的1.7%，创造了人类减贫史上的中国奇迹。2018年，全国居民人均可支配收入

28228元，扣除价格因素，比1978年实际增长20多倍。同时，我国城乡免费义务教育全面实现，建成了世界最大的社会保障体系，社会大局保持长期稳定，成为世界上最有安全感的国家之一。新时代推动全面深化改革，要继续站在最广大人民群众的立场上，积极回应广大人民群众的强烈呼声和殷切期待，以实现最广大人民的利益为目标，积极解决产生社会矛盾和问题的体制机制问题，大力保障人民群众的经济、政治、文化权益，不断实现好、维护好、发展好最广大人民群众的切身利益，切实增强人民获得感、幸福感、安全感。作为建设中国特色社会主义事业的主体，人民群众是全面深化改革的主体和力量源泉。当前，全面深化改革，面临的困难前所未有，面临的挑战前所未有，其复杂程度、敏感程度、艰巨程度，一点都不亚于40年前。只有充分调动人民群众的积极性、主动性、创造性，从人民群众中汲取智慧和力量，全面深化改革才能实现既定目标。"大鹏之动，非一羽之轻也；骐骥之速，非一足之力也。"习近平总书记指出："只要我们紧紧依靠人民，就没有战胜不了的艰难险阻，就没有成就不了的宏图大业。"全面深化改革，就要坚持和贯彻党的群众路线，尊重人民主体地位，发挥人民主人翁精神，最广泛地动员和组织人民参与改革之中，让广大人民成为改革的推动者而不是被动接受者；要把自上而下的改革和自下而上的改革结合起来，鼓励地方、基层和群众大胆探索、大胆试验，激发人民的创造热情，加强重大改革试点工作，重视发挥各类综合配套改革试验区的示范带动作用；要把人民群众作为推进改革的主心骨，坚持问政于民、问需于民、问计于民，广泛听取基层和群众意见，遇到改革难题要虚心向基层请教，让每一项改革方案广泛集中民智、聚集民力。人民群众是全面深化改革开放的主体，也理当为全面深化改革成果的共享者。全面深化改革，要逐步打破体制壁垒，扫除身份障碍，建立以权利公平、机会公平、规则公平为主要内容的社会公平保障体系，努力克服由人为因素造成的有违公平正义的现象，营造公平的社会环境，保证人民平等参与、平等发展的权利，让人民共同享有人生出彩的机会，共同享有梦想成真的机会，共同享有同祖国和时代一起成长与进步的机会；坚持和完善社会主义基本经济制度和分配制度，在做大"蛋糕"的同时分好"蛋糕"，努力缩小城乡、区域、行业收入分配差距，推动社会朝着共同富裕的方向稳步前进。

人民群众与全面依法治国。法治建设为了人民、依靠人民、造福人民、保护人民，是全面依法治国的根本出发点和落脚点。坚持法治建设为了人民，就要求立法、执法、司法等社会主义法治各个环节，始终站在最广大人民群众的立场上，充分体现人民群众的意愿和要求，时刻为人民群众着想，努力为人民群众排忧解难，切实维护人民群众各种正当权益，尽可能为人民群众行使权利和履行义务提供各种便利，减少人民群众参与司法活动的成本。全面推进依法治国是一个系统工程，是国家治理领域一场广泛而深刻的革命，涉及立法、执法、司法、守法等各个环节，涉及领导干部和广大群众法治理念的转变，涉及司法体制的深刻改革，遇到的困难和挑战都是严峻的、巨大的。只有紧紧依靠群众，让广大群众参与到法治建设中，法治建设才能得以顺利推进，全面推进依法治国的总目标才能实现。比如，科学立法是全面推进依法治国的首要环节，而立法的基础是人民群众的社会实践，从一定意义上说，法律就是人民群众社会实践经验的总结。只有坚持走群众路线，紧紧依靠群众，开门立法、民主立法，让广大人民群众参与法律的制定和修改，广泛听取人民群众的意见和建议，制定的法律才有坚实的群众基础，才更有针对性和可操作性。再比如，全民守法是全面推进依法治国的基础环节，是法律"落地生根"的保证，而增强全民法治观念只能靠人民群众思想素质、法律意识的提高。正如法国思想家卢梭所说："一切法律中最重要的法律，既不是刻在大理石上，也不是刻在铜表上，而是铭刻在公民的内心里。"公平正义是司法的灵魂，是法治的生命线。全面依法治国，必须紧紧围绕保障和促进公平正义来推进，把公平正义的价值理念贯穿到社会主义法治实践中，依法加强和规范公共服务，完善教育、就业、收入分配、社会保障、医疗卫生、食品安全、扶贫、慈善、社会救助和妇女儿童、老年人、残疾人合法权益保护等方面的法律法规；完善司法管理体制和司法权力运行机制，规范司法行为，加强对司法活动的监督，维护人民群众的合法权益，努力让人民群众在每一个司法案件中都感受到公平正义。

人民群众与全面从严治党。人民立场是党的根本政治立场，全心全意为人民服务是党的根本宗旨，代表最广大人民群众的根本利益是党的性质的体现。全面从严治党，勇于自我革命，推进新时代党的建设，解决党自身突出问题，增强"四个意识"，坚定"四个自信"，做到"两个维护"，目的是永葆党的性质宗旨，更好地为人民服务，实现人民群众的利益。党章明确规定，党除了工人阶级和最广大人民群众的利益，没有自己特殊的利益。中国共产党党内存在的一些问题，特别是贪污腐败、官僚主义、形式主义、享乐主义、奢靡之风等，都是与党的性质宗旨相违背的，都侵犯了人民群众的利益。民心是最大的政治，正义是最强的力量。我们党坚持党要管党、全面从严治党，坚持思想教育从严、干部管理从严、作风要求从严、组织建设从严、制度执行从严，以零容忍态度严厉惩治腐败，就是要确保立党为公、执政为民，把人民放在心中最高位置，为人民谋利造福，树立党在人民群众心中的良好形象，增强人民群众对党的信任和支持，厚植党执政的群众基础。人民群众中蕴藏着治国理政、管党治党的智慧和力量，全面从严治党关门进行不行，必须紧紧依靠人民。习近平总书记强调，让人民支持和帮助我们从严治党，要注意畅通两个渠道，一个是建言献策渠道，一个是批评监督渠道。全面从严治党，就要充分发挥人民建言献策和监督作用，多听取人民的批评建议，多鼓励人民举报监督，以人民满意为标准，从人民的批评建议中发现问题，从人民的支持、监督中汲取力量。

基于上述认识和理解，教育部习近平新时代中国特色社会主义思想研究中心组织相关领域专家编写了这套丛书。该套丛书共四册，分别论述了人民群众在"四个全面"战略布局中每一个"全面"中所具有的地位作用、价值意义，以及每一个"全面"如何体现以人民为中心的根本立场、如何贯彻党的群众路线。这样的选题，是一个创新，难度可想而知，参与研究的专家学者付出了辛勤的劳动。当然，无论框架结构还是内容论述，都有待不断完善和深化，希望读者提出宝贵意见和建议。这套丛书若能对广大读者有所启发，那将让我们感到莫大的欣慰和鼓舞！

2019年2月

目　录

第一章　以人民为中心的法治体系 / 1

　　一、社会主义法治建设经验的集中表现 / 1

　　二、中国特色社会主义法治的本质特征 / 9

　　三、全面依法治国战略的顶层设计 / 18

　　四、现代国家治理体系的基础 / 31

第二章　人民群众与中国特色社会主义法治道路 / 39

　　一、中国特色社会主义法治道路的根本保证 / 39

　　二、中国特色社会主义法治道路的制度基础 / 49

　　三、中国特色社会主义法治道路的理论支撑 / 62

第三章　体现人民意志的法治格局 / 73

　　一、科学立法，确保法律反映人民意愿 / 73

　　二、严格执法，规范权力，切实服务人民 / 80

　　三、公正司法，确保人民实现公平正义 / 86

　　四、全民守法，引导人民理性表达诉求 / 93

第四章 维护人民权益的法律体系 / 99

一、维护人民经济权益的市场经济法制 / 99

二、维护人民政治权益的民主政治法制 / 105

三、维护人民文化权益的文化建设法制 / 111

四、维护人民社会权益的社会治理法制 / 114

五、维护人民生态权益的生态保护法制 / 116

第五章 保障执政为民的党内法规体系 / 120

一、党的章程确立人民主体的根本理念 / 120

二、组织法规构建治国理政的领导核心 / 125

三、领导法规提供为民谋利的制度保证 / 128

四、党建法规保持服务人民的建党初心 / 131

五、监督法规规范人民赋予的公共权力 / 138

第六章 人民群众是全面依法治国的力量源泉 / 144

一、营造公正为民的法治环境 / 144

二、培育德才兼备的法治人才 / 151

三、发挥领导干部模范带头作用 / 158

后记 / 165

第一章 以人民为中心的法治体系

坚持全面依法治国，是新时代坚持和发展中国特色社会主义的基本方略。党的十八大以来，以习近平同志为核心的党中央，紧紧围绕建设中国特色社会主义法治体系，建设社会主义法治国家的法治建设总目标，全面推进依法治国。我国法律规范体系、法治实施体系、法治监督体系、法治保障体系和党内法规体系不断得到完善，以人民为中心的法治体系日趋完备、严谨和高效。建立健全以人民为中心的法治体系，是社会主义法治建设经验的集中表现，是中国特色社会主义法治的本质特征，是全面依法治国战略的顶层设计，是推进国家治理体系和治理能力现代化的基础性工程。

一、社会主义法治建设经验的集中表现

中国人民经过100多年的英勇奋斗，终于在中国共产党领导下，推翻了帝国主义、封建主义和官僚资本主义的压迫，取得了中国革命的伟大胜利，结束了长期被压迫、被奴役的历史，建立了新中国，建立了社会主义制度，开创了一个崭新的伟大时代。在崭新的伟大时代里，中国共产党领导着一个有着数千年历史传统的国家，坚定走依法治国的道路，从人治走向法治，这是巨大的历史进步。中国共产党对社会主义法治建设和依法治国的认识经历了一个不断探索的过程。

（一）社会主义"人民当家作主"法治原则的确立

从新中国成立至改革开放前，中国的社会主义建设还处在初步探索阶段，社会主义的法治建设也刚刚起步。这一时期，社会主义"人民当家作主"的

法治原则得以完全确立，初步奠定了社会主义法治的基础。

1949年10月1日，中华人民共和国宣告成立，标志着中国共产党领导的新民主主义革命取得伟大胜利，中国人民从此站起来了，中国人民的政治地位发生了根本变化。中国人民开始真正当家作主，成为国家、社会和自己命运的主人。新中国成立后，为巩固新生人民政权，保护人民根本利益，亟须制定良法。为此，中国共产党领导中国人民，一方面彻底摒弃国民党旧法统，彻底废除各类封建旧法及资产阶级剥削性质旧法；另一方面加紧新生政权的法治建设，将党和人民意志上升为国家意志，创建了一系列新法。比如：制定起临时宪法作用的《中国人民政治协商会议共同纲领》，起草《刑法大纲》《诉讼程序通则》《公司法》，等等。《中国人民政治协商会议共同纲领》明确规定：中华人民共和国的国家政权属于人民。人民行使国家政权的机关为各级人民代表大会和各级人民政府。人民群众法律地位的变化，如实反映了新生政权里人民政治地位的根本变化。新生政权的法治建设，彻底摒弃剥削阶级的法律思想，法治立场上坚持人民当家作主的原则，法律制定过程中坚持群众路线原则，在法治实施过程中坚持法律面前人人平等，并且提出运用法律手段正确处理社会矛盾的思想。这一时期的法治实践和思想，为新中国社会主义法治建设积累了重要经验。

1954年9月20日，第一届全国人民代表大会第一次会议通过并颁布了《中华人民共和国宪法》。这是中华人民共和国的第一部宪法，也是中国第一部社会主义宪法，人们习惯称之为"五四宪法"。"五四宪法"不仅基本塑造了新中国的政治结构与社会结构，更为重要的是，它确立了新生政权"人民当家作主"的立国原则与精神。比如，"五四宪法"第一条明确规定："中华人民共和国是工人阶级领导的、以工农联盟为基础的人民民主国家。"第二条规定："中华人民共和国的一切权力属于人民。人民行使权力的机关是全国人民代表大会和地方各级人民代表大会。全国人民代表大会、地方各级人民代表大会和其他国家机关，一律实行民主集中制。"[1]第十七条规定："一切国家机关必须依靠人民群众，经常保持同群众的密切联系，倾听群众的意见，接受群众的监督。"[2]第十八条规定："一切国家机关工作人员必须效忠人民民主制度，

---

[1] 参见《中华人民共和国宪法》（1954年版）。

[2] 参见《中华人民共和国宪法》（1954年版）。

服从宪法和法律，努力为人民服务。"①……"五四宪法"以国家根本大法的形式，确立了人民当家作主的宪法地位，肯定了人民主权这一立国之基，集中体现了社会主义原则与人民民主原则。"五四宪法"的制定，是中国人民朝着社会主义法治道路迈出的关键性的一步。正如毛泽东同志所讲："一个团体要有一个章程，一个国家也要有一个章程，宪法就是一个总章程，是根本大法。用宪法这样一个根本大法的形式，把人民民主和社会主义原则固定下来，使全国人民有一条清楚的轨道，使全国人民有一条清楚的和正确的道路可走……"②正是这关键性的一步，初步奠定了社会主义法治道路的基础。正是沿着这条道路，社会主义新中国在很短时间里迅速制定并颁布了近千件法律法规，刑法、民法、民事诉讼法、刑事诉讼法等基本法律相继出台并发挥实际作用，构建起了社会主义法律体系的基本框架。

（二）"依法治国"成为治国方略，人民民主得到有效保障

党的十一届三中全会以来的40多年，是中国法治建设任务极为繁重的阶段。在社会主义市场经济条件下构建中国特色社会主义法治体系，是一段极为艰辛的探索历程。正是在这一阶段，"依法治国"被确定为党治理国家的基本方略，人民民主得到了有效保障。

"文化大革命"的惨痛教训，使人们深刻地认识到：人民民主是社会主义的本质特征，没有民主就没有社会主义，为保障人民民主，社会主义中国必须走法治道路，必须将"依法治国"作为治国基本方略。

1978年12月，在党的十一届三中全会上，邓小平同志强调指出："为了保障人民民主，必须加强法制。必须使民主制度化、法律化，使这种制度和法律不因领导人的改变而改变，不因领导人的看法和注意力的改变而改变。"③提出了法制建设的"十六字方针"，即"有法可依，有法必依，执法必严，违法必究"④。这标志着我国重新进入法治建设的轨道。但是，关于人治还是法治在当时仍然存在一些争论和辩驳。1980年，邓小平再次强调："要继续发展社

---

① 参见《中华人民共和国宪法》（1954年版）。
②《建国以来毛泽东文稿》第四册，中央文献出版社1990年版，第504页。
③《邓小平文选》第二卷，人民出版社1994年版，第146页。
④《邓小平文选》第二卷，人民出版社1994年版，第147页。

会主义民主，健全社会主义法制。这是三中全会以来中央坚定不移的基本方针，今后也决不允许有任何动摇。"①随着改革开放的不断推进和法治理论的逐渐厘清，加强社会主义法制、依法治国逐渐成为全国各族人民的共识。鉴于"文革"后我国社会主义法制亟须恢复和重建，修改"文革"中制定的第三部宪法就显得势在必行。在此背景下，"八二宪法"应运而生。"八二宪法"彻底抛弃"文革"中"以阶级斗争为纲"的思想，立足推动改革、推动经济发展，实现一系列重大制度性安排和调整，给人面貌一新的感觉。比如："八二宪法"将国家性质由"无产阶级专政"恢复为"人民民主专政"；使人民代表大会、行政机关、审判机关、检察机关的法定地位得到宪法重申，较为完整地确立了以人民代表大会为核心的国家政权机关的框架；恢复设立国家主席；取消领导职务终身制；将知识分子与工人、农民并列为三支基本的社会力量；新增"公民的人格尊严不受侵犯"的条文；承认国营、集体、个体三种经济都不可缺少，申明国家保护个体经济的合法权益；等等。"八二宪法"关于保障人民民主、保障人权、以人为本的法治思想和价值取向，在以人民为中心的中国特色社会主义法治道路探索中具有重要的里程碑意义。以"八二宪法"精神为指导，中国法治建设伴随中国特色社会主义事业不断发展，并取得丰硕成果。

人民代表大会制度是我国的根本政治制度，它最直接体现了人民民主，体现了人民当家作主和国家一切权力属于人民。为此，我国1991年制定了全国人民代表大会和地方各级人民代表大会代表法，1995年又修改、完善了选举法。代表法和选举法的制定与修改，使选举制度不断完善，使人民民主得到了更好实现和保障。在我国，基层群众自治是社会主义民主最广泛的实践。为保障和扩大基层民主，保证人民群众直接行使民主权利，依法管理自己的事情，创造自己的幸福生活，1989年全国人大常委会制定了《城市居民委员会组织法》，1998年又颁布了正式的《村民委员会组织法》。

党的十四大确立了建设社会主义市场经济体制的改革目标。党的十四届三中全会指出：社会主义市场经济体制的建立和完善，必须有完备的法制来规范和保障。要高度重视法制建设，做到改革开放与法制建设的统一，学会

---

①《邓小平文选》第二卷，人民出版社1994年版，第359页。

运用法律手段管理经济。法制建设的目标是：遵循宪法规定的原则，加快经济立法，进一步完善民商法律、刑事法律、有关国家机构和行政管理方面的法律，20世纪末初步建立适应社会主义市场经济的法律体系；改革、完善司法制度和行政执法机制，提高司法和行政执法水平；建立健全执法监督机制和法律服务机构，深入开展法制教育，提高全社会的法律意识和法制观念。①之后，围绕建立和完善社会主义市场经济体制的目标，我国在民商和经济方面的立法取得了显著成就。

在社会主义法治建设不断探索实践的基础上，党的十五大第一次提出依法治国、建设社会主义法治国家，作为党领导人民治理国家的基本方略。"依法治国，是党领导人民治理国家的基本方略，是发展社会主义市场经济的客观需要，是社会文明进步的重要标志，是国家长治久安的重要保障。"②党的十五大报告把过去"建设社会主义法制国家"的提法改变为"建设社会主义法治国家"③，极其鲜明地突出了法治的理念。由此，社会主义法治建设进入了快速发展的轨道。1999年3月，全国人民代表大会对宪法进行了修改，在第五条第一款中明确了依法治国方略的宪法法定地位。④2002年，党的十六大又提出了依法治国，保证人民行使当家作主的权利的政治体制改革的目标。2004年，第十届全国人民代表大会第二次会议通过宪法修正案，把"国家尊重和保障人权"增为宪法的重要条款之一，实现"人权入宪"。2011年3月10日，时任全国人民代表大会常务委员会委员长的吴邦国向第十一届全国人民代表大会第四次会议作全国人大常委会工作报告时庄严宣布：一个立足中国国情和实际、适应改革开放和社会主义现代化建设需要、集中体现党和人民意志的，以宪法为统帅，以宪法相关法、民法商法等多个法律部门的法律为主干，由法律、行政法规、地方性法规与自治条例、单行条例等三个层次的法律规范构成的中国特色社会主义法律体系已经形成。这表明中国已从根本上实现了

---

① 《中共中央关于建立社会主义市场经济体制若干问题的决定》，《人民日报》1993年11月17日，第3版。

② 《江泽民文选》第二卷，人民出版社2006年版，第29页。

③ 《江泽民文选》第二卷，人民出版社2006年版，第28页。

④ 1999年3月15日，九届全国人大第二次会议通过的《中华人民共和国宪法修正案》第13条规定："宪法第五条增加一款，作为第一款，规定：'中华人民共和国实行依法治国，建设社会主义法治国家。'"

从无法可依到有法可依的历史性转变，各项事业发展步入法制化轨道。这是中国社会主义民主法制建设史上的重要里程碑，具有重大的现实意义和深远的历史意义，意味着中国将坚定不移实施"依法治国"基本方略，建设社会主义法治国家。

（三）全面推进依法治国，建设以人民为中心的法治体系

党的十八大以来，以习近平同志为核心的党中央将中国特色社会主义法治建设纳入到加快实现国家治理体系和治理能力现代化的战略全局来考虑，提出全面推进依法治国。全面依法治国同全面建成小康社会、全面深化改革、全面从严治党一道被纳入"四个全面"战略布局，全面依法治国由此提升到新的高度。

2014年10月，中国共产党十八届四中全会通过的《中共中央关于全面推进依法治国若干重大问题的决定》（以下简称《决定》），是指导中国特色社会主义新时代全面推进依法治国的纲领性文件。《决定》明确提出了"建设中国特色社会主义法治体系，建设社会主义法治国家"的全面推进依法治国的总目标，并对总目标作了进一步阐述，全面推进依法治国就是"在中国共产党领导下，坚持中国特色社会主义制度，贯彻中国特色社会主义法治理论，形成完备的法律规范体系、高效的法治实施体系、严密的法治监督体系、有力的法治保障体系，形成完善的党内法规体系，坚持依法治国、依法执政、依法行政共同推进，坚持法治国家、法治政府、法治社会一体建设，实现科学立法、严格执法、公正司法、全民守法，促进国家治理体系和治理能力现代化"[①]。明确阐述了"中国特色社会主义法治体系"和"社会主义法治国家"的科学内涵。人们对全面依法治国的战略蓝图，有了越来越清晰的认识。值得一提的是，党的十八届四中全会以"依法治国"作为全会的主题，这在中国共产党的历史上还是第一次。将"依法治国"作为治国理政的重要方略，用全面推进依法治国的战略举措促进国家治理体系和治理能力的现代化，这是中国法治道路上的新的里程碑。

党的十九大报告明确将坚持全面依法治国写入新时代坚持和发展中国特

---

①《中共中央关于全面推进依法治国若干重大问题的决定》，《人民日报》2014年10月29日，第1版。

色社会主义的基本方略之中，指出"全面依法治国是中国特色社会主义的本质要求和重要保障"，强调把党的领导贯彻落实到依法治国全过程和各方面，坚定不移走中国特色社会主义法治道路。[①]党的十九大党章修正案，为适应党在中国特色社会主义新时代全面依法治国、建设社会主义法治国家战略部署新要求，将以往党章总纲中"健全社会主义法制，建设社会主义法治国家"的表述，修改为"建设中国特色社会主义法治体系，建设社会主义法治国家"[②]。全面依法治国，建设中国特色社会主义法治体系，建设社会主义法治国家，成为全党全国人民的共识和基本价值遵循。为将全面依法治国战略布局落到实处，中央还专门成立了"中央全面依法治国委员会"，习近平总书记任委员会主任，强化了组织领导和保障。在全面依法治国战略布局统领下，中国特色社会主义的民主法治建设取得了巨大成就。党的领导、人民当家作主、依法治国有机统一的制度建设全面加强。科学立法、严格执法、公正司法、全民守法深入推进，法治国家、法治政府、法治社会建设相互促进，中国特色社会主义法治体系日益完善，全社会法治观念明显增强。过去人们"信访不信法、信权不信法"的扭曲观念正在逐步矫正，全社会的法治信心正在进一步夯实。党的十八大以来，中国特色社会主义法治体系建设也进入了快车道。

以宪法为核心的中国特色社会主义法律体系得到不断完善。党的十八大以来，我国加强了重点领域的立法工作，及时反映了新时代党和国家事业发展要求，回应了人民群众的关切和期待；坚持了立改废释并举，增强法律法规的及时性、系统性、针对性、有效性，提高法律法规的可执行性、可操作性。立法工作不断得到加强和改进，立法质量和立法效率得到提高，做到了科学、民主、依法立法。"立善法于天下，则天下治；立善法于一国，则一国治。"法律是治国之重器，立善法方可能得善治。目前，我国形成了包括250多部法律、700多部行政法规、9000多部地方性法规、11000多部行政规章的中

---

① 习近平：《决胜全面建成小康社会　夺取新时代中国特色社会主义伟大胜利——在中国共产党第十九次全国代表大会上的报告》，《党的十九大文件汇编》，党建读物出版社2017年版，第15～16页。

②《中国共产党章程（中国共产党第十九次全国代表大会部分修改，2017年10月24日通过）》，《党的十九大文件汇编》，党建读物出版社2017年版，第90页。

国特色社会主义法律体系^①。2018年3月11日第十三届全国人民代表大会第一次会议通过了《中华人民共和国宪法修正案》，确立科学发展观、习近平新时代中国特色社会主义思想在国家政治和社会生活中的指导地位，调整充实中国特色社会主义事业总体布局和第二个百年奋斗目标的内容，完善依法治国和宪法实施举措，充实坚持和加强中国共产党全面领导的内容，增加有关监察委员会的各项规定……此次修宪为新时代坚持和发展中国特色社会主义提供宪法保障，有利于推进全面依法治国、促进国家治理体系和治理能力现代化，将党的十九大精神全面贯彻，坚持党的领导、人民当家作主、依法治国有机统一。由此，以宪法为核心的中国特色社会主义法律体系得到进一步完善。

高效的法治实施体系正在加快形成。"天下之事，不难于立法，而难于法之必行。"法律的生命力和法律的权威，都在于实施。如何使法律得到有效实施，是全面依法治国的重点和难点。建设中国特色社会主义法治体系，要加快建立高效的法治实施体系。为使全社会增强宪法意识，维护宪法权威，2014年11月1日，第十二届全国人民代表大会常务委员会第十一次会议通过并设立了国家宪法日（12月4日）。以习近平同志为核心的党中央，在治国理政中特别强调要依宪治国、依宪执政，不断维护宪法权威，加强宪法实施，坚决纠正一切违反宪法的行为，开启了宪法实施的新时代。党的十八大以来，我国在执法、司法、守法等方面的体制机制得到大大完善，严格执法、公正司法、全民守法取得了较为明显的成效，严格遵循了有法必依、执法必严、违法必究的法治原则和要求，切实维护了法律尊严和权威，确保了法律全面有效实施。

严密的法治监督体系实现了重大突破。党的十八大以来，以习近平同志为核心的党中央，始终强调要"把权力关进制度的笼子里"。权力不论大小，都要受到制约和监督。党的十八大以来，党中央"以规范和约束公权力为重点，构建党统一指挥、全面覆盖、权威高效的监督体系，把党内监督同国家机关监督、民主监督、司法监督、群众监督、舆论监督贯通起来，增强监督合力，强化监督责任，提高监督实效，做到有权必有责、有责要担当、失责必追究"^②。尤其是成立国家监察机关，并赋予其宪法地位，实现了对所有行使公权力的公职人员监察全覆盖，真正把公权力关进制度笼子，我国的法治

---

①《习近平新时代中国特色社会主义思想三十讲》，学习出版社2018年版，第187页。
②《习近平新时代中国特色社会主义思想三十讲》，学习出版社2018年版，第188页。

监督体系建设取得了重大突破。

有力的法治保障体系得到不断夯实。党的十八大以来，以习近平同志为核心的党中央不断加强党的建设，加强党的全面领导，提高党依法执政的能力和水平，为全面依法治国提供了有力的政治和组织保障；不断加强专业化的法治队伍建设，为全面依法治国提供了有力的队伍保障和物质基础；改革和完善不符合法治规律、不利于依法治国的体制机制，为全面依法治国提供了完备的制度保障。

完善的党内法规体系取得巨大进展。党的十八大以来，以习近平同志为核心的党中央以党章为根本遵循，共修订颁布了90余部党内法规，形成了以党章为根本，以民主集中制为核心，以准则、条例等中央党内法规为主干，由各领域各层级党内法规制度组成的较为完备的党内法规制度体系。党内法规制度体系，既是全面从严治党的重要依据，也是全面依法治国的有力保障。

回望社会主义法治建设的历史，之所以能一路走来并取得巨大成就，毫无疑问，始终坚持以人民为中心的中国特色社会主义法治体系建设是一条重要历史经验。以人民为中心的社会主义法治体系建设，始终坚持了人民主体地位，始终强调了法治为了人民、依靠人民、造福人民、保护人民。人民当家作主、国家一切权力属于人民，始终是我国社会主义法治体系建设的根本政治取向。始终坚持党的领导、人民当家作主、依法治国有机统一，既是社会主义政治发展的必然要求，又是中国法治体系建设坚持社会主义方向的有力保障。以人民为中心的社会主义法治体系建设，坚持在法律及实施中充分体现人民意志，将体现人民利益、反映人民愿望、维护人民权益、增进人民福祉落实到依法治国的全过程和全方面。保障公民的人身权、财产权、人格权、基本政治权利等各项权利不受侵犯，保障公民的经济、文化、社会等各方面权利得到有效落实，努力维护最广大人民根本利益，保障人民群众对美好生活的向往和追求。

二、中国特色社会主义法治的本质特征

随着人类文明的发展，法治越来越成为人们普遍的价值追求。法治社会

的发展，是人类数千年来在国家和社会治理方式上的理性思考和选择的结果。在中国近代史上，中国人民饱受了帝国主义欺凌和封建主义、官僚资本主义压迫，中华民族历经磨难甚至面临亡国灭种的危机。为此，无数仁人志士为救亡图存，纷纷主张变法图强。各派政治力量也次第粉墨登场，主张实行所谓的"君主立宪法治""议会民主法治""五权宪法法治"等，但都从喧嚣开始，以失败告终。只有1949年新中国成立和嗣后社会主义制度的建立，才为在中国实行社会主义法治奠定了根本的政治和经济基础。

中国社会主义在发展过程中，越来越认识到法治的重要地位，并且将法治确定为社会主义发展的价值追求，成为社会主义核心价值观的重要内容。党的十八大以来，以习近平同志为核心的党中央尤其重视社会主义法治建设，从促进国家治理体系和治理能力现代化的战略高度，制定了全面推进依法治国战略布局，提出了建设中国特色社会主义法治体系、建设社会主义法治国家的全面推进依法治国总目标。

世界上不存在定于一尊的法治模式，也不存在放之四海而皆准的法治道路。中国特色社会主义法治道路，根本区别于"西方宪政""三权分立""司法独立""多党政治"的道路。"建设中国特色社会主义法治体系、建设社会主义法治国家"，旗帜鲜明地标明了中国法治道路的社会主义方向和中国特色，这是保证全面依法治国始终沿着正确方向不断前进的根本。与"君主立宪法治""议会民主法治""三权分立""司法独立"法治道路，重点保障少数人利益、资产阶级利益根本不同，中国特色社会主义法治，所保障的是绝大多数人的利益，具有真正的人民性。以人民为中心，是中国特色社会主义法治的本质特征，具体体现就是中国特色社会主义法治体系始终保障人民当家作主，始终坚持人民主体地位，始终坚持法律面前人人平等。

（一）始终保障人民当家作主

人民当家作主是社会主义民主政治的本质特征。中国特色社会主义法治的根本目的就是要保障人民当家作主。

首先，实现人民当家作主是中国共产党人的初心和使命。我们党除了代表中国最广大人民根本利益以外没有自己的特殊利益，全心全意为人民服务是党的宗旨。党的十九大报告指出：中国共产党人的初心和使命，就是为中国人民谋幸福，为中华民族谋复兴。中国共产党作为马克思主义的政党，始终传承着马克思主义的无产阶级革命的基因。马克思、恩格斯在1848年《共产党宣言》中指出："过去的一切运动都是少数人的，或者为少数人谋利益的运动。无产阶级的运动是绝大多数人的，为绝大多数人谋利益的独立的运动。"①"为绝大多数人谋利益"，就是为最广大人民谋利益。《共产党宣言》又指出："工人革命的第一步就是使无产阶级上升为统治阶级，争得民主。"②"使无产阶级上升为统治阶级"，就是要使无产阶级、广大人民当家作主。所以，中国共产党自1921年成立之日起，就是以实现民族独立和人民当家作主为己任的。中国共产党领导中国人民，经过艰辛的新民主主义革命，推翻了帝国主义、封建主义和官僚资本主义的统治和压迫，建立了新中国。从此，中国人民掌握了国家的权力，成了国家的主人，人民当家作主得以实现。在中国，中国共产党的领导以及社会主义道路，决定了社会主义的法治建设必然是要保障人民当家作主。"中国共产党的领导，就是支持和保证人民实现当家作主"③，中国共产党领导的中国特色社会主义法治道路，就是要保障人民当家作主的实现。

其次，我国坚持国家一切权力属于人民的法治理念。我国宪法明确规定："中华人民共和国的一切权力属于人民。"④这就以国家根本大法的形式，确立了人民当家作主的地位。国家一切权力属于人民，最根本的体现就是宪法规定的国体和政体。宪法规定我国的国体，就是工人阶级领导的、以工农联盟为基础的人民民主专政的社会主义国家；规定我国的政体就是，人民通过各级人民代表大会行使国家权力。宪法同时规定："人民依照法律规定，通过各种途径和形式，管理国家事务，管理经济和文化事业，管理社会事务。""中华人民共和国的国家机构实行民主集中制的原则。全国人民代表大会和地方各级人民代表大会都由民主选举产生，对人民负责，受人民监督。"⑤2012年12月4日，习近平总书记在《在首都各界纪念现行宪法公布施行三十周年大会

---

① 《马克思恩格斯选集》第一卷，人民出版社1995年版，第283页。
② 《马克思恩格斯选集》第一卷，人民出版社1995年版，第293页。
③ 《习近平谈治国理政》第二卷，外文出版社2017年版，第18页。
④ 参见《中华人民共和国宪法》（2018年修正版）。
⑤ 参见《中华人民共和国宪法》（2018年修正版）。

上的讲话》中强调："我们要坚持国家一切权力属于人民的宪法理念，最广泛地动员和组织人民依照宪法和法律规定，通过各级人民代表大会行使国家权力，通过各种途径和形式管理国家和社会事务、管理经济和文化事业，共同建设，共同享有，共同发展，成为国家、社会和自己命运的主人。"①这一切都充分体现了国家一切权力属于人民和人民当家作主的法治理念。

再次，人民当家作主制度化和法律化。对于中国这样一个历史悠久、人口众多、发展不平衡不充分的发展中大国，通过何种方式、何种途径保障和发展人民当家作主，是一个需要认真研究的重大历史性课题。鉴于中国社会主义建设初步探索阶段在社会主义民主政治发展中所走过的弯路和教训，邓小平同志曾明确指出："为了保障人民民主，必须加强法制。必须使民主制度化、法律化，使这种制度和法律不因领导人的改变而改变，不因领导人的看法和注意力的改变而改变。"②用制度和法律来保障和发展人民民主，这是我们党对社会主义民主政治建设规律认识的重大转变。在中国，最大的民主就是人民民主，是人民当家作主。实现人民当家作主制度化和法律化的关键，在于推进社会主义法治建设，建设社会主义法治国家。党的十五大提出依法治国，所谓依法治国，就是广大人民群众在党的领导下，依照宪法和法律规定，通过各种途径和形式管理国家事务，管理经济文化事业，管理社会事务，保证国家各项工作都依法进行，逐步实现社会主义民主的制度化、法律化，使这种制度和法律不因领导人的改变而改变，不因领导人看法和注意力的改变而改变。党的十八大以来，以习近平同志为核心的党中央全面推进依法治国，人民当家作主制度化、法律化得到了进一步深化。

最后，人民当家作主不是一句空话。中国特色社会主义法治建设，使得人民当家作主在实现其制度化、法律化的基础上，在实践中越来越趋于具体和完善。在我国，人民当家作主已经体现在国家政治和经济社会生活的方方面面。我国越来越完善的社会主义法治体系，充分保证了人民勤劳致富和合法劳动成果与财产不受侵犯，充分保证了人民依法享有广泛权利和自由，保证了人民依法实行民主选举、民主协商、民主决策、民主管理、民主监督，扩大了有序政治参与……中国人民在中国共产党领导下，更加有效地参与到

①《习近平谈治国理政》，外文出版社2014年版，第139页。
②《邓小平文选》第二卷，人民出版社1994年版，第146页。

国家治理当中来，更加安宁地实现个人发展与追求幸福生活。我国人民当家作主越来越具体且生动地落实到了我国的人民代表大会制度、中国共产党领导的多党合作和政治协商制度、民族区域自治制度、基层群众自治制度等各项制度安排之中。总之，中国人民的当家作主不是一句空话，是实实在在的，这既是我国社会主义民主政治的本质特征，也是中国特色社会主义民主与资本主义民主的本质区别。

（二）始终坚持人民主体地位

马克思、恩格斯在《神圣家族》中强调"历史活动是群众的活动"[①]，他们认为人民群众的活动决定了历史的发展，是人民群众的"静悄悄的劳动"[②]推动着历史车轮。历史唯物主义最基本的观点，即人民群众是历史的创造者，是社会活动的主体，是社会发展的决定因素，实现了人类历史观上的伟大变革。

坚持人民主体地位，是马克思主义的基本观点，也是中国共产党干事创业和事业取得成功的根本遵循与重要经验。毛泽东同志强调："人民，只有人民，才是创造世界历史的动力。"[③]习近平同志也指出："人民是历史的创造者，群众是真正的英雄。人民群众是我们力量的源泉。"[④]"人民立场是中国共产党的根本政治立场，是马克思主义政党区别于其他政党的显著标志。"[⑤]坚持人民主体地位，就是坚持历史唯物主义，就是坚持我们党的宗旨和纲领。坚持人民主体地位，充分调动人民积极性，始终是我们党立于不败之地的强大根基。

中国共产党领导的中国特色社会主义法治建设，也始终坚持人民主体地位。2014年10月23日，习近平总书记在《加快建设社会主义法治国家》的讲话中指出："必须坚持人民主体地位。我国社会主义制度保证了人民当家作主

---

① 《马克思恩格斯文集》第一卷，人民出版社2009年版，第287页。

② 《马克思恩格斯全集》第二十一卷，人民出版社2003年版，第448页。

③ 《毛泽东选集》第三卷，人民出版社1991年版，第1031页。

④ 《习近平谈治国理政》，外文出版社2014年版，第5页。

⑤ 习近平：《在庆祝中国共产党成立95周年大会上的讲话》，《人民日报》2016年7月2日，第2版。

的主体地位，也保证了人民在全面推进依法治国中的主体地位。这是我们的制度优势，也是中国特色社会主义法治区别于资本主义法治的根本所在。"①中国特色社会主义法治坚持人民主体地位，就是真正走以人民为中心的中国特色社会主义法治道路。坚持人民主体地位，就是要始终强调坚持中国特色社会主义法治为了人民、依靠人民、造福人民、保护人民。

第一，法治为了人民。"为什么人"的问题，历来都是我们首先要明确的问题，革命如此，社会主义建设和改革亦是如此。中国共产党的宗旨是全心全意为人民服务，这就决定了她必须始终把人民作为其一切工作的中心，始终把人民利益作为其一切工作的根本出发点和落脚点。我们党的性质宗旨和国家的性质，决定了我们必须发展以人民为中心的社会主义法治，决定了中国特色社会主义法治道路的根本目的是保障人民权益。因此，社会主义法治体系建设，要保障人民当家作主，保证人民依照制度与法律规定，通过各种途径和形式，管理国家事务，管理经济文化事业，管理社会事务。国家制定实施的法律法规和方针政策，必须充分体现人民意志、尊重人民意愿、得到人民拥护，维护最广大人民根本利益。一切为了人民，作为中国共产党建设法治中国的出发点和落脚点，体现了人民在全面推进依法治国中的主体地位，是一座引领法治中国建设航船不断前行的鲜明航标。

第二，法治依靠人民。人民是社会活动的主体，是人类历史进步的真正动力，中国特色社会主义法治建设必须要紧密地依靠人民。社会主义法治建设，需要充分调动人民群众积极主动投身到依法治国的实践中，需要在人民群众中广泛树立"法治"的核心价值观。法律权威要靠人民来维护，建设社会主义法治国家的关键，在于使全体人民都能成为社会主义法治的忠实崇尚者、自觉遵守者、坚定捍卫者，在于使尊法、信法、守法、用法、护法成为全体人民的共同追求。一切国家机关和国家工作人员的工作需要依靠人民的支持，需要经常保持同人民群众的密切联系，倾听人民的意见和建议，对人民负责，接受人民监督，为人民服务。

第三，法治造福人民。中国特色社会主义进入新时代，社会主要矛盾转化为人民日益增长的美好生活需要和不平衡不充分的发展之间的矛盾。在新

①《习近平谈治国理政》第二卷，外文出版社2017年版，第115页。

时代，人民美好生活需要日益广泛，不仅对物质文化生活提出了更高的要求，而且在民主、法治、公平、正义、安全、环境等方面的要求日益增长。人民追求安定、和谐、幸福生活的脚步一刻不曾停歇。2012年11月15日，刚当选为中共中央委员会总书记的习近平在十八届中央政治局常委同中外记者见面时深情地指出："人民对美好生活的向往，就是我们的奋斗目标。"①2018年新年，习近平总书记又一次深情地讲道："我了解人民群众最关心的就是教育、就业、收入、社保、医疗、养老、居住、环境等方面的事情，大家有许多收获，也有不少操心事、烦心事。我们的民生工作还有不少不如人意的地方，这就要求我们增强使命感和责任感，把为人民造福的事情真正办好办实。以造福人民为最大政绩，想群众之所想，急群众之所急，让人民生活更加幸福美满。"②而让人们生活得更加安定、和谐和幸福美满，让人民真正感受到社会公平、正义和尊严，建设法治中国，是全面建成小康社会、全面依法治国的题中必有之义。中国特色社会主义法治建设，就是要筑牢人民安居乐业、国家长治久安的制度根基，就是要让公平正义得以彰显，让全体人民共享改革发展成果，就是要用法治来保障人民各项权利，保障人民对幸福生活的追求，使人民群众有更多获得感、幸福感、安全感。

第四，法治保护人民。在我国，人民当家作主，国家一切权力属于人民，这就决定了社会主义法治建设的根本目的是为着保护人民的。人民群众生活、生产的方方面面都需要法治保障：人们的司法权利，需要健全的法治体系来保障；促进社会公平正义，离不开法治的有力保障；教育、住房、养老等社会领域的权利需要法治给予充分保护；食品药品、医疗卫生、环境保护等直接关系生命健康权利的实现，也离不开法治的保驾护航。2004年，十届全国人大二次会议通过宪法修正案，将"国家尊重和保障人权"载入国家根本法；2007年，物权法施行，对公、私财产权利作出法律规定；2011年，国务院颁布新拆迁条例，切实保护公民财产……从保障公民人身权、财产权、人格权、基本政治权利等不受侵犯，到保证公民经济、文化、社会等各方面权利的落实，中国特色社会主义法治对人民权利的保护越来越走向深入和全面。总之，

---

① 《习近平谈治国理政》，外文出版社2014年版，第4页。
② 《国家主席习近平发表二〇一八年新年贺词》，《人民日报》2018年1月1日，第1版。

努力维护最广大人民根本利益，保障人民群众对美好生活的向往和追求，是中国特色社会主义法治道路的根本价值追求。

（三）始终坚持法律面前人人平等

"平等是社会主义法律的基本属性，是社会主义法治的基本要求。"[1]法律面前人人平等，就是"任何组织和个人都必须尊重宪法法律权威，都必须在宪法法律范围内活动，都必须依照宪法法律行使权力或权利、履行职责或义务，都不得有超越宪法法律的特权。任何人违反宪法法律都要受到追究，绝不允许任何人以任何借口任何形式以言代法、以权压法、徇私枉法。"[2]

中国共产党领导中国社会主义法治建设，始终坚持法律面前人人平等的基本原则。早在"五四宪法"中，根据人民民主原则，有关公民基本权利和义务的内容，便有明确规定："中华人民共和国公民在法律上一律平等。"且这一规定和精神一直延续至今。改革开放以来，我们党在领导中国特色社会主义法治建设中，对法律面前人人平等的法治原则更加重视，不仅在1982年宪法中重申了法律平等原则，而且从党的十五大开始，在历次党代会上都对这一原则进行了强调和阐释。比如，党的十五大报告指出："维护宪法和法律的尊严，坚持法律面前人人平等，任何人、任何组织都没有超越法律的特权。"[3]党的十六大报告指出："坚持法律面前人人平等。加强对执法活动的监督，推进依法行政，维护司法公正，提高执法水平，确保法律的严格实施。"[4]党的十七大报告指出："加强宪法和法律实施，坚持公民在法律面前一律平等，维护社会公平正义，维护社会主义法制的统一、尊严、权威。"[5]党的十八大报告指出："法治是治国理政的基本方式。要推进科学立法、严格执法、公正司法、全民守法，坚持法律面前人人平等，保证有法必依、执法必严、违法必究。完善中国特色社会主义法律体系，加强重点领域立法，拓展人民有序参与立法途径……"[6]党的十九大报告强调："加大全民普法力度，建设社会

① 《习近平谈治国理政》第二卷，外文出版社2017年版，第115页。
② 《习近平谈治国理政》第二卷，外文出版社2017年版，第115页。
③ 《江泽民文选》第二卷，人民出版社2006年版，第30页。
④ 《江泽民文选》第三卷，人民出版社2006年版，第555页。
⑤ 《胡锦涛文选》第二卷，人民出版社2016年版，第637页。
⑥ 《胡锦涛文选》第三卷，人民出版社2016年版，第634页。

主义法治文化，树立宪法法律至上、法律面前人人平等的法治理念。"①坚持法律面前人人平等，是我们党治国理政和依法治国的一贯主张。

坚持法律面前人人平等，一方面要保证法律的实体内容符合平等的原则。在中国，中国共产党领导中国人民走上了社会主义的发展道路，实行以公有制为主体多种所有制经济共同发展的基本经济制度和按劳分配为主体多种分配方式并存的分配制度，建立了人民当家作主的政治制度，为社会主义法律面前人人平等的法治原则奠定了坚实的基础。社会主义的本质是解放生产力，发展生产力，消灭剥削，消除两极分化，最终达到共同富裕。社会主义的发展方向就是不断为实现共产主义创造条件。社会主义从本质上体现了公正、平等的要求，平等是社会主义题中应有之义。随着社会生产力的不断发展和社会主义各项制度的不断完善，社会生活中一切不平等和不公正的体制和制度必然要被消除，全体人民在经济、政治、文化等各个方面都将享有同等的权利，从而最终实现人的自由而全面的发展。因此，中国特色社会主义法治建设中，关于法律面前人人平等的原则是真实可靠的。而资本主义国家的宪法中一般也都规定：法律面前人人平等。但是，由于资产阶级的统治是建立在资本主义生产关系之上的，其所确立的民主制度和法律制度都是以财产占有不平等为基础的，所以，它所强调的法律上的平等掩盖了人们在实际生活中存在的事实上的不平等。在资产阶级统治的资本主义国家，广大劳动人民群众是不可能真正享有同资产阶级一样的平等权利的。因而，所谓"法律面前人人平等"是不可能真正实现的。资产阶级宣扬的法律面前人人平等原则只是一种形式上的平等。

坚持法律面前人人平等，另一方面就是法律的执行和实施要体现公平和正义。"法者，天下之公器。"奉法者强则国强，奉法者弱则国弱。建设社会主义法治国家，其目的就是要营造公平的社会环境，保证全体人民依法管理国家事务和社会事务、管理经济和文化事业、平等参与社会主义现代化建设、平等享有各项权益。社会公平正义是社会主义的重要价值追求，也是中国特色社会主义的重要特征。习近平总书记强调，我们提出要努力让人民群众在

① 习近平：《决胜全面建成小康社会 夺取新时代中国特色社会主义伟大胜利——在中国共产党第十九次全国代表大会上的报告》，《党的十九大文件汇编》，党建读物出版社2017年版，第27页。

每一个司法案件中都感受到公平正义，通过司法体制改革，确保法院、检察院依法独立公正行使审判权、检察权，真正实现权责一致，实现"让审理者裁判、由裁判者负责"，使司法切实成为维护社会公平正义的"最后一道关口"。坚持法律面前人人平等，就是要使人民在依法治国中的主体地位得到尊重和保障，贯彻执行"以事实为依据、以法律为准绳"的司法原则，坚决反对法外特权、法外开恩和法外歧视，坚决预防特权思想和官僚主义，使权力得到制约，将权力关进制度的笼子里，真正做到有法可依、有法必依、执法必严、违法必究。

法治兴则国家兴，法治衰则国家乱。只有全面推进科学立法、严格执法、公正司法、全民守法，坚持法律面前人人平等，才能确保实现建设中国特色社会主义法治体系和建设社会主义法治国家这一全面推进依法治国的总目标。

三、全面依法治国战略的顶层设计

全面依法治国是坚持和发展中国特色社会主义的本质要求和重要保障，是实现国家治理体系和治理能力现代化的必然要求，事关我们党执政兴国，事关人民幸福安康，事关党和国家长治久安。党的十八大以来，以习近平同志为核心的党中央高度重视全面推进依法治国，将全面依法治国与全面建成小康社会、全面深化改革、全面从严治党一起，确定为党领导人民治理国家的战略布局。依法治国被提升到一个事关全局、紧系命运的前所未有的新高度。习近平总书记强调："全面推进依法治国，是着眼于实现中华民族伟大复兴中国梦、实现党和国家长治久安的长远考虑。"[1]

2014年10月，中国共产党历史上首次以"依法治国"为主题的十八届四中全会，确立了"全面推进依法治国"总布局，确立了建设中国特色社会主义法治体系、建设社会主义法治国家总目标。它所设计的五大法治体系和全面推进依法治国的六项具体任务，在突出推进依法治国"全面性"的同时，

---

[1] 石畅：《让法治为中国梦护航（习近平治国理政关键词22）》，《人民日报（海外版）》2016年4月11日，第1版。

亦生动体现了"以人民为中心"的法治发展思想，表明我国法治建设理论与实践开启了新的时代起点。

（一）谱绘一条以人民为中心的法治发展道路

中国的法治要走一条什么样的道路，这是我国法治建设首先要明确的重要问题。道路问题是关系党的事业兴衰成败的首要问题，是根本性的问题。道路决定方向，道路决定命运。中国要全面建成小康社会、加快推进社会主义现代化、实现中华民族伟大复兴，就必须始终高举中国特色社会主义伟大旗帜，坚定不移地坚持和发展中国特色社会主义。坚持和发展中国特色社会主义，就是既不走封闭僵化的老路，也不走改旗易帜的邪路；既坚持社会主义的基本原则，又使社会主义发展与中国具体实际相符合，体现中国特色。对于法治建设来讲，亦是如此。在中国特色社会主义新时代，党的十八届四中全会提出"建设中国特色社会主义法治体系、建设社会主义法治国家"的全面推进依法治国的总目标，向国内外鲜明宣示了我国将坚定不移走中国特色社会主义法治道路。

形成完备的法律规范体系、高效的法治实施体系、严密的法治监督体系、有力的法治保障体系、完善的党内法规体系，依法治国、依法执政、依法行政共同推进，法治国家、法治政府、法治社会一体建设，实现科学立法、严格执法、公正司法、全民守法……中国特色社会主义法治体系建设，囊括了国家建设、社会发展、人民生活的方方面面，其最根本的目的就是要保障人民安居乐业、幸福生活，保障国家和民族健康繁荣发展，使中国人民实现"国家富强、民族复兴、人民幸福"的美好愿景得到全面的法治保障。中国特色社会主义法治体系为我们谱绘了一条以人民为中心的法治道路。

中国特色社会主义法治道路，是独一无二的、具有中国特色和时代特点的、以人民为中心的法治发展和实现道路。这条法治道路，是在我国长期法治建设实践中不断探索和总结经验的基础上逐渐形成的。习近平总书记指出："走中国特色社会主义法治道路是一个重大课题，有许多东西需要深入探索，但基本的东西必须长期坚持。"[①]这个基本的东西，就是社会主义法治发展的

---

① 《习近平谈治国理政》第二卷，外文出版社2017年版，第114页。

基本原则。《中共中央关于全面推进依法治国若干重大问题的决定》提出并阐述了实现全面推进依法治国总目标必须坚持的五个基本原则，即：坚持中国共产党的领导、坚持人民主体地位、坚持法律面前人人平等、坚持依法治国和以德治国相结合、坚持从中国实际出发。社会主义法治发展的基本原则，使得中国特色社会主义法治道路，与英国、法国、美国等西方资本主义国家的法治道路有着本质上的不同，它是社会主义性质的法治道路；与以往的苏联和东欧社会主义国家的法治道路也不一样，它是中国特色的法治道路；与马克思、恩格斯等马克思主义经典作家论述和描绘的社会主义法治理想状态也有区别，它是社会主义初级阶段的法治道路；与历史上中华法系的法文化和法制度本质不同，它是现代化的法治道路。①社会主义性质的、中国特色的、社会主义初级阶段的、现代化的，无论我们对中国特色社会主义法治道路做何种区分，其中重要一点不能忽视，即它是一条以人民为中心的社会主义法治道路。以人民为中心的法治道路，是体现党和人民意志，保障人民当家作主，保障人民根本利益和各项权益，坚持法律面前人人平等，坚持人民主体地位，人民共建共享共同维护的法治道路。

中国特色社会主义法治道路，是全面推进依法治国、建设社会主义法治国家的根本道路，是正确的道路。习近平总书记强调："全面推进依法治国，必须走对路。如果路走错了，南辕北辙了，那再提什么要求和举措也都没有意义了。党的十八届四中全会通过的《中共中央关于全面推进依法治国若干重大问题的决定》有一条贯穿全篇的红线，这就是坚持和拓展中国特色社会主义法治道路。中国特色社会主义法治道路是一个管总的东西。具体讲我国法治建设的成就，大大小小可以列举出十几条、几十条，但归结起来就是开辟了中国特色社会主义法治道路这一条。"②习近平总书记又强调："我们要坚持的中国特色社会主义法治道路，本质上是中国特色社会主义道路在法治领域的具体体现；我们要发展的中国特色社会主义法治理论，本质上是中国特色社会主义理论体系在法治问题上的理论成果；我们要建设的中国特色社会主义法治体系，本质上是中国特色社会主义制度的法律表现形式。"③中国特

---

① 李林：《论习近平全面依法治国的新思想新战略》，《法学杂志》2016年第5期。
②《习近平谈治国理政》第二卷，外文出版社2017年版，第113页。
③《习近平谈治国理政》第二卷，外文出版社2017年版，第128页。

色社会主义法治道路是中国特色社会主义道路不可或缺的重要组成部分，是全面推进依法治国、建设社会主义法治国家的根本道路。坚持党的领导，坚持中国特色社会主义制度，贯彻中国特色社会主义法治理论，是中国特色社会主义法治道路的核心要义，它们规定和确保了中国特色社会主义法治体系的制度属性和前进方向。经过新中国建立70年特别是改革开放40多年来的不懈努力，中国特色社会主义法治理论越来越成熟，中国特色社会主义法治体系越来越完善，依法治国、依法执政、依法行政在有效推进，法治国家、法治政府、法治社会一体建设取得重大突破，科学立法、严格执法、公正司法、全民守法的法治格局越来越清晰明朗……我国社会主义法治建设成就和经验集中表明中国特色社会主义法治道路是唯一正确的道路。

中国特色社会主义法治道路，是最适合中国国情的、最符合人民利益的法治道路。习近平总书记曾指出："走什么样的法治道路、建设什么样的法治体系，是由一个国家的基本国情决定的。"[①]我国幅员辽阔、人口众多、历史悠久、国情复杂，实现中华民族由站起来、富起来到强起来，实现国家治理体系和治理能力现代化，实现"两个一百年"奋斗目标和中华民族伟大复兴，都迫切需要实现法治。但是，正确的法治道路书上抄不来，别人送不来，只能靠自己走出来。中国的法治建设，必须从中国的实际出发，立足中国国情，不断总结法治建设的经验，不断探索自己的法治道路，适应时代需要，彰显中国特色。马克思曾指出："人们自己创造自己的历史，但是他们并不是随心所欲地创造，并不是在他们自己选定的条件下创造，而是在直接碰到的、既定的、从过去承继下来的条件下创造。"[②]中华民族5000多年的文明史、70年的新中国发展史和40多年的改革开放史，中国特色社会主义的经济制度和政治制度，中国共产党推进依法治国、依法执政、依法行政的法治历程，中国人民立法、执法、司法、守法、普法的法治实践，是中国特色社会主义法治道路得以形成的重要基础。它生长于中国，发展于中国，理应具有中国特色、中国气象。习近平总书记强调："世界上没有放之四海而皆准的具体发展模式，也没有一成不变的发展道路。历史条件的多样性，决定了各国选择发展道路

---

① 《习近平谈治国理政》第二卷，外文出版社2017年版，第117页。
② 《马克思恩格斯选集》第一卷，人民出版社1995年版，第585页。

的多样性。"①综观世界各国法治进程，但凡是违背自己国情、盲目照抄照搬他国宪政模式和法治道路的国家，法治发展无不遭到挫折和失败，致使国家陷入混乱甚至动荡。而那些法治建设比较成功的国家，无一不是较好地坚持了法治一般理念与本国特定国情的创造性结合，并以此为基础探索本国的法治道路。中国特色社会主义法治道路，合理地借鉴和吸收了世界上优秀的法治文明成果，但决不搞"全盘西化""全面移植""照抄照搬"。

"为国也，观俗立法则治，察国事本则宜。"中国特色社会主义法治道路，是最适合中国国情的、最符合人民利益的法治道路，它是历史与现实相统一、法治追求与人民立场相统一、理论与实践相结合的产物，彰显了中国特色、实践特色、时代特色和人民立场。

总之，中国特色社会主义法治道路，是独一无二的具有中国特色和时代特点的法治实现道路，是全面推进依法治国、建设社会主义法治国家的根本道路，是最适合中国国情的法治道路……其中最根本的一点，它是一条以人民为中心的社会主义法治道路。只有坚定不移地走以人民为中心的中国特色社会主义法治道路，才能从根本上保证我国社会主义法治建设的正确方向。

（二）以人民为中心的法治制度设计和完整目标体系

中国特色社会主义法治体系，本质上是中国特色社会主义制度的法律表现形式，它与中国特色社会主义法治道路、中国特色社会主义法治理论一起形成三位一体、相辅相成的有机整体，是全面推进依法治国战略的重要制度保障。中国特色社会主义法治体系是全面推进依法治国的基本内涵，表现为在各方面各领域全面推进依法治国的制度设计。中国特色社会主义法治体系由法律规范体系、法治实施体系、法治监督体系、法治保障体系和党内法规体系等五大体系组成，构成了中国特色社会主义法治国家建设的完整目标体系。这种制度设计和目标体系，其规划和提出都充分体现了以人民为中心的法治发展理念。

第一，形成完备的法律规范体系，使人民的要求、利益和意志得到更好体现。良法是善治之前提。全面推进依法治国的战略，首先需要形成完备的

———————————
① 《习近平谈治国理政》，外文出版社2014年版，第29页。

法律规范体系，发挥法律的规范、引领、推动和惩戒作用。党的十八大以来，以习近平同志为核心的党中央始终强调"推进科学立法、民主立法、依法立法，以良法促进发展、保障善治"①，对加强和改进立法提出了新的更高的要求，即贯彻以人民为中心的法治理念，努力制定符合实际的、确实管用的、群众满意的法律法规。其一，强调加强党对立法工作的领导，完善立法工作中重大问题决策的程序，确保党的主张和人民意志很好统一起来。其二，强调深入调查研究，广泛听取民意，真正做到问政于民、问需于民、问计于民，善于集中民智，使得制定或修改的法律法规更好地体现人民的要求，反映人民的利益、人民的意志，能够真正用来解决和调节现实生活中群众迫切需要解决的各种矛盾和问题。其三，强调人大及其常委会在立法工作中发挥主导作用，防止和纠正立法工作中突出部门权力，淡化自身责任，弱化群众权益的倾向。人大及其常委会牵头，组成综合性的法规起草小组，发挥人大代表的参与作用和专家学者的专业特长，运用听证会、论证会等方式，认真听取各相关方面的意见，或公布草案广泛征求意见，务使法律法规切合实际、符合民意，确保其科学性、针对性和可行性。其四，强调法律法规立改废释并举。注重用法律规范来调节和解决经济社会发展中的各种矛盾和社会关系，尤其是要处理好公共权力与公民权利的关系。法律的立改废释工作要体现和贯彻以人民为中心的发展思想，使法律法规更好地适应推进改革发展的现实需要，适应广大人民对美好生活的新需求，有效维护人民权益。习近平总书记强调："科学立法的核心在于尊重和体现客观规律，民主立法的核心在于为了人民、依靠人民。"②符合客观规律、以人民为中心，便是我们立法工作必须要遵循的两个重要原则。在此基础上，我国进一步明确了立法指导思想，即"要恪守以民为本、立法为民理念，贯彻社会主义核心价值观，使每一项立法都符合宪法精神、反映人民意志、得到人民拥护"③。

---

① 习近平：《决胜全面建成小康社会　夺取新时代中国特色社会主义伟大胜利——在中国共产党第十九次全国代表大会上的报告》，《党的十九大文件汇编》，党建读物出版社2017年版，第26页。

② 习近平：《关于〈中共中央关于全面推进依法治国若干重大问题的决定〉的说明》，《人民日报》2014年10月29日，第2版。

③《中共中央关于全面推进依法治国若干重大问题的决定》，《人民日报》2014年10月29日，第1版。

第二，形成高效的法治实施体系，使以人民为中心的法治理念得到更好落实。形成高效的法治实施体系，是建设以人民为中心的法治体系的重点难点。习近平总书记强调指出："如果有了法律而不实施，束之高阁，或者实施不力、做表面文章，那制定再多法律也无济于事。"①因而，法律的权威在于实施，在于有法必依、执法必严、违法必究。"天下之事，不难于立法，而难于法之必行。"综观社会主义法治建设的历史实践，人民群众对法治建设意见最大的地方，就是有法不依和执法不严，也即法律实施问题。有法不依、执法不严是对人民利益的最大伤害。因而，人民权益的有效保障，也在于法治的实施。只有形成高效的法治实施体系，才能更好地维护人民的各项权益。法治实施体系包括执法、司法和守法等诸多环节。首先，执法和司法是法治实施体系中的两个重要环节，也是落实以人民为中心的法治理念的关键所在。以人民为中心的法治实施，在执法和司法上的集中表现就是：依法行政、公正司法。依法行政，严格规范公正文明执法，建设法治政府，下大气力解决执法领域存在的有法不依、执法不严、违法不究甚至以权压法、权钱交易、徇私枉法等让老百姓深恶痛绝的突出问题；公正司法，"努力让人民群众在每一个司法案件中感受到公平正义"②。而要实现这样的目标，就必须坚持党对法治实施的全面领导，全面贯彻实施宪法，加强法治政府建设，深化行政执法体制改革，完善党政主要负责人履行推进法治建设第一责任人职责的约束机制，深化司法体制改革，推进法治社会建设，加强法治工作队伍建设和法治人才培养。其次，守法是法治实施体系中的重要基础性环节，必须认真贯彻和落实以人民为中心的法治发展理念。"人民是依法治国的主体和力量源泉。"③法治实施既要坚持始终为了人民，也要坚持紧紧依靠人民，以保障人民根本权益为出发点和落脚点，坚持人民主体地位，积极倡导全民守法，努力实现全民共建共治共享。

---

① 习近平：《关于〈中共中央关于全面推进依法治国若干重大问题的决定〉的说明》，《人民日报》2014年10月29日，第2版。

②《中共中央关于全面推进依法治国若干重大问题的决定》，《人民日报》2014年10月29日，第3版。

③《中共中央关于全面推进依法治国若干重大问题的决定》，《人民日报》2014年10月29日，第1版。

第三，形成严密的法治监督体系，使人民群众利益得到更好维护。在中国特色社会主义法治体系的五大体系中，严密的法治监督体系是不可或缺的重要组成部分，是法治建设中坚持以人民为中心的发展思想的必然要求。法律的生命在于实施，法律的权威也在于实施。但是如果在法治实施中出现了较为严重的有法不依、执法不严、违法不究甚至以权谋私、以权压法、权钱交易等腐败问题和现象，势必会损害人民群众的各项权益，势必会影响到法治的权威和公信力。没有监督的权力必然导致腐败，行政权、司法权尤是如此。而各种腐败，首当其冲损害的是人民群众的利益。因此，建设中国特色社会主义法治体系，建设法治国家，更好维护人民群众的利益，离不开对法治实施的强有力监督。形成严密的法治监督体系，就是力求法治实施活动的全过程能公开透明，保障人民群众对法治实施的知情权和监督权，保障法治实施活动公开公正运行。《中共中央关于全面推进依法治国若干重大问题的决定》在立法、执法、司法三个部分，分别提出了强化法治监督的要求：在立法环节，提出"健全宪法实施和监督制度……完善全国人大及其常委会宪法监督制度，健全宪法解释程序机制。加强备案审查制度和能力建设，把所有规范性文件纳入备案审查范围，依法撤销和纠正违宪违法的规范性文件，禁止地方制发带有立法性质的文件"[①]；在执法环节，强调加强对行政权力的制约和监督，"加强党内监督、人大监督、民主监督、行政监督、司法监督、审计监督、社会监督、舆论监督制度建设，努力形成科学有效的权力运行制约和监督体系，增强监督合力和实效"[②]，真正将权力关进制度的笼子里；在司法环节，强调加强对司法活动的监督，确保人民群众在每一个案件中都感受到公平正义。2018年3月，新修订的《中华人民共和国宪法》专门增写监察委员会一节，确立监察委员会作为国家机构的宪法地位。随后，《中华人民共和国监察法》得以制定并实施。此举有效解决了行政监察范围过窄、反腐败力量分散等问题，实现了对所有行使公权力的公职人员的监察全覆盖。设立国家监察委员会，出台监察法，在建设中国特色社会主义法治体系进程中具有

---

①《中共中央关于全面推进依法治国若干重大问题的决定》，《人民日报》2014年10月29日，第1、3版。

②《中共中央关于全面推进依法治国若干重大问题的决定》，《人民日报》2014年10月29日，第3版。

重要里程碑意义，对于形成严密的法治监督体系具有重大影响。

第四，形成有力的法治保障体系，使中国特色社会主义法治建设得到更好依托。法治得以实现，需要一系列保障条件。法治保障体系既是法治体系的重要组成部分，又是中国特色社会主义法治建设的重要依托和基础。它支撑着整个法治大厦，为全面推进依法治国总目标的实现提供不竭的力量源泉。其一，党的领导为社会主义法治提供了最根本的政治保障。党的领导，是中国特色社会主义法治之魂，是党和国家的根本所在、命脉所在，是全国各族人民的利益所系、幸福所系，是全面推进依法治国的题中应有之义。形成有力的法治保障体系，必须旗帜鲜明地坚持党的领导。只有坚持党对社会主义法治建设的领导，才能充分实现人民当家作主。其二，中国特色社会主义制度为社会主义法治提供了牢固制度保障。中国特色社会主义法治体系，本质上是中国特色社会主义制度的法律表现形式。中国特色社会主义的制度优势，是既保障了人民当家作主的主体地位，也保障了人民在全面推进依法治国中的主体地位，成为中国特色社会主义法治区别于资本主义法治的根本所在。其三，社会主义法治还需要强有力的组织和人才保障。建设高素质法治专门队伍、加强法律服务队伍建设、创新法治人才培养等是加强法治工作队伍建设的重要举措。其四，社会主义法治特别需要加快法治文化建设作为其文化保障。社会主义法治的权威，要靠人民群众来维护。"必须弘扬社会主义法治精神，建设社会主义法治文化，增强全社会厉行法治的积极性和主动性，形成守法光荣、违法可耻的社会氛围，使全体人民都能成为社会主义法治的忠实崇尚者、自觉遵守者、坚定捍卫者。"[1]

第五，形成完善的党内法规体系，使党全心全意为人民服务的宗旨得到更好体现。党内法规体系是中国特色社会主义法治体系的重要组成部分，加强党内法规制度建设，是全面从严治党、全面依法治国的必然要求。在我国，党的利益与人民的利益是根本一致的。中国共产党是中国人民和中华民族的先锋队，始终代表着中国最广大人民的根本利益。同样，党的领导和社会主义法治也是根本一致的。坚持党的领导是体现人民意志、维护人民利益的重要政治保证；社会主义法治，最根本的特点也在于体现人民意志、维护人民

---

[1]《中共中央关于全面推进依法治国若干重大问题的决定》，《人民日报》2014年10月29日，第3版。

利益；社会主义法治必须坚持党的领导，党的领导必须依靠社会主义法治。党的领导是中国特色社会主义最本质的特征，是社会主义法治的根本保证。办好中国的事情，关键在党。实现社会主义法治，关键也在党。习近平总书记强调：打铁必须自身硬。我们党领导立法、推进法治，一方面要求我们党必须在法律范围内活动，"各级党组织和全体党员要带头尊法学法守法用法，任何组织和个人都不得有超越宪法法律的特权"①；另一方面，要求党依据党内法规管党治党，必须不断建立和完善党内法规体系，全面从严治党。党的十八大以来，以习近平同志为核心的党中央始终高度重视党内法规建设，以党章为根本遵循，共制定修订了90余部党内法规，党内法规制度建设取得重大进展。不断完善党内法规，推进全面从严治党，在根本上要使我们党牢记"为中国人民谋幸福、为中华民族谋复兴"的初心和使命，使我们党始终保持与人民群众同呼吸、共命运、心连心，永远把人民对美好生活的向往作为奋斗目标，体现了党性与人民性的高度统一，体现了全心全意为人民服务的根本宗旨。

（三）以人民为中心的系统战略部署

全面推进依法治国，建设中国特色社会主义法治体系，建设社会主义法治国家，是极其复杂的系统性工程，需要紧紧围绕以人民为中心的价值逻辑，进行系统性的战略部署。具体来说，包括六个方面：即完善以宪法为核心的中国特色社会主义法律体系、加快建设法治政府、提高司法公信力、推进法治社会建设、加强法治队伍建设、加强和改进党对全面推进依法治国的领导。

第一，完善以宪法为核心的中国特色社会主义法律体系。党的十九大报告指出："以良法促进发展、保障善治。"②良法是善治的前提。要想实现国家的有效治理，必须发挥立法的引领和推动作用，抓住提高立法质量这个关键。

---

① 习近平：《决胜全面建成小康社会 夺取新时代中国特色社会主义伟大胜利——在中国共产党第十九次全国代表大会上的报告》，《党的十九大文件汇编》，党建读物出版社2017年版，第27页。

② 习近平：《决胜全面建成小康社会 夺取新时代中国特色社会主义伟大胜利——在中国共产党第十九次全国代表大会上的报告》，《党的十九大文件汇编》，党建读物出版社2017年版，第26页。

因而，建设中国特色社会主义法治体系，需要坚持立法先行，坚持立改废释并举，进一步规范和完善我们的法律体系。其一，健全宪法实施和监督制度。在法律体系中，宪法是国家根本大法，集中体现党和人民意志，体现人民当家作主。坚持依法治国首先要坚持依宪治国，坚持依法执政首先要坚持依宪执政，当前最关键的就是要健全宪法实施和监督制度。"全面贯彻实施宪法，是建设社会主义法治国家的首要任务和基础性工作。"[①]宪法本身也需要不断发展和完善，2018年3月11日第十三届全国人民代表大会第一次会议通过的《中华人民共和国宪法修正案》，对宪法进行了充实和完善，使其与中国特色社会主义新时代相适应。其二，不断完善立法的体制机制。加强党对立法工作的领导，完善党对立法工作中重大问题决策的程序。保证制定的法律既符合立法程序，又能够反映党和人民意志。其三，深入推进科学立法、民主立法。健全立法起草、论证、协调、审议机制，健全向下级人大征询立法意见机制，建立基层立法联系点制度，推进立法精细化，健全立法机关和社会公众沟通机制，开展立法协商等。其四，加强重点领域立法。比如：健全以公平为核心原则的产权保护制度，加强对各种所有制经济组织和自然人财产权的保护；加快推进反腐败国家立法，完善惩治和预防反腐败体系；加强互联网领域立法；加快国家安全法治建设，抓紧出台反恐怖等领域的一批急需法律；等等。

第二，加快建设法治政府。《中共中央关于全面推进依法治国若干重大问题的决定》指出：各级政府必须坚持在党的领导下、在法治轨道上开展工作，加快建设职能科学、权责法定、执法严明、公开公正、廉洁高效、守法诚信的法治政府。并且规定了有关推进依法行政，加快建设法治政府的六个方面比较具体的改革任务：依法全面履行政府职能，健全依法决策机制，深化行政执法体制改革，坚持严格规范公正文明执法，强化对行政权力的制约和监督，全面推进政务公开。建设法治政府的根本目的是造福人民、保护人民。政府在法治轨道上全面履行职能，全心全意为人民服务，是法治政府的根本要求。各级政府只有依法行政、依法决策、依法严格规范公正文明执法、公开透明、不枉不纵，才能彰显法治权威、增强政府威信、提升人民群众的法

---

①《习近平谈治国理政》，外文出版社2014年版，第138页。

治获得感。

第三，提高司法公信力。公正是法治的生命线。司法公正对社会公正具有重要引领作用，司法不公对社会公正具有致命破坏作用。必须深化司法体制改革，不断完善司法管理体制和司法权力运行机制，规范司法行为，加强对司法活动的监督，努力让人民群众在每一个司法案件中感受到公平正义。在"保证公正司法，提高司法公信力"问题上，有六个方面的具体部署：完善确保依法独立公正行使审判权和检察权的制度，优化司法职权配置，推进严格司法，保障人民群众参与司法，加强人权司法保障，加强对司法活动的监督。"司法体制改革必须为了人民、依靠人民、造福人民。司法体制改革成效如何，说一千道一万，要由人民来评判，归根到底要看司法公信力是不是提高了。"[1]党的十八大以来，以习近平同志为核心的党中央高度重视司法体制改革，并且紧紧抓住了"完善司法责任制"这个牛鼻子。"完善司法责任制"，就是要突出法官检察官在司法活动中的主体地位，明确其办案的权力和责任，让审理者裁判、由裁判者负责，落实"谁办案谁负责"的机制，强调对案件质量终身负责。习近平总书记特别强调公正办理每一个具体案件的重要性，他指出："人民群众每一次求告无门、每一次经历冤假错案，损害的都不仅仅是他们的合法权益，更是法律的尊严和权威，是他们对社会公平正义的信心。要懂得'100－1=0'的道理，1个错案的负面影响足以摧毁99个公正裁判积累起来的良好形象。执法司法中万分之一的失误，对当事人和社会就是百分之百的伤害。"[2]保证公正司法，提高司法公信力，需要落实到每一个具体的司法案件中。因此，只有完善和落实司法责任制，保证公正司法，才能提高司法公信力，才能让人民群众在每一个司法案件中感受到公平正义。

第四，推进法治社会建设。法律的权威源自人民的内心拥护和真诚信仰。再好的法律和制度，都需要人们来落实，需要人们来自觉遵守和维护。因此，建设中国特色社会主义法治体系，建设社会主义法治国家，还需要努力增强全民法治观念，推进法治社会建设，这是一项基础性工程。在推进法治社会建设方面，有四项具体部署：推动全社会树立法治意识，推进多层次多领域

---

① 《习近平谈治国理政》第二卷，外文出版社2017年版，第131页。

② 姜伟：《全面落实司法责任制》，《党的十九大报告辅导读本》，人民出版社2017年版，第297页。

依法治理，建设完备的法律服务体系，健全依法维权和化解纠纷机制。重点是要把全民普法和守法作为依法治国的长期基础性工作，加大法治宣传教育，建设社会主义法治文化，树立宪法法律至上、法律面前人人平等的法治理念，引导全民自觉守法、遇事找法、解决问题靠法，使尊法守法成为全体人民的共同追求和自觉行动。

第五，加强法治队伍建设。"全面推进依法治国，必须大力提高法治工作队伍思想政治素质、业务工作能力、职业道德水准，着力建设一支忠于党、忠于国家、忠于人民、忠于法律的社会主义法治工作队伍，为加快建设社会主义法治国家提供强有力的组织和人才保障。"[1]对此，有三项具体的改革任务：一是建设高素质的法治专门队伍，坚持党的事业、人民利益、宪法法律至上，推进法治专门队伍正规化、专业化、职业化，提高职业素养和专业水平。二是加强法律服务队伍建设，增强广大律师走中国特色社会主义法治道路的自觉性和坚定性。三是创新法治人才培养机制，培养造就熟悉和坚持中国特色社会主义法治体系的法治人才及后备力量。

第六，加强和改进党对全面推进依法治国的领导。党的领导是全面推进依法治国、加快建设社会主义法治国家最根本的保证。加强和改进党对全面推进依法治国的领导，具体部署是：坚持依法执政，加强党内法规制度建设，提高党员干部法治思维和依法办事能力，推进基层治理法治化，深入推进依法治军从严治军，依法保障"一国两制"实践和推进祖国统一，加强涉外法律工作。党政军民学，东西南北中，党是领导一切的。全面依法治国，是党领导人民治理国家的基本方式和方略，有利于加强和改善党的领导。中国共产党成立中央全面依法治国委员会，是更好坚持和加强党对依法治国的领导的重大决策。加强和改进党对全面推进依法治国的领导，要求把党的领导贯彻到全面推进依法治国全过程，健全党领导依法治国的制度和工作机制，完善党确定依法治国方针政策和决策部署的工作机制和程序，加强党对全面依法治国的统一领导、统一部署、统筹协调。发挥各级党委的领导作用，完善责任落实机制。

---

① 《中共中央关于全面推进依法治国若干重大问题的决定》，《人民日报》2014年10月29日，第3版。

四、现代国家治理体系的基础

党的十八大以来，以习近平同志为核心的党中央高度重视国家治理体系和治理能力现代化建设。党的十八届三中全会明确指出："全面深化改革的总目标是完善和发展中国特色社会主义制度，推进国家治理体系和治理能力现代化。"①党的十八届四中全会强调全面推进依法治国是"国家治理领域一场广泛而深刻的革命"②。党的十九大将"推进国家治理体系和治理能力现代化"纳入习近平新时代中国特色社会主义思想的内容之中，并且强调："不断推进国家治理体系和治理能力现代化，坚决破除一切不合时宜的思想观念和体制机制弊端，突破利益固化的藩篱，吸收人类文明有益成果，构建系统完备、科学规范、运行有效的制度体系……"③党的十九届三中全会通过了《中共中央关于深化党和国家机构改革的决定》和《深化党和国家机构改革方案》，提出了"构建系统完备、科学规范、运行高效的党和国家机构职能体系"的具体改革方案，被认为是推进国家治理体系和治理能力现代化的一场"深刻变革"。④至此，具有鲜明中国特色的国家治理体系基本形成。"推进国家治理体系和治理能力现代化"目标的提出及其具体的部署和实施，表明我们党对党的执政规律、社会主义建设规律、人类社会发展规律有了更进一步的认识。"推进国家治理体系和治理能力现代化"，是建设社会主义现代化强国、实现中华民族伟大复兴的必然要求和必由之路。

国家治理体系和治理能力是国家制度和制度执行能力的集中体现，它们是一个有机整体，相辅相成。好的国家治理体系能有助于治理能力的提高，治理能力的提高又能使国家治理体系的效能充分发挥。而所谓的国家治理体

---

①《中共中央关于全面深化改革若干重大问题的决定》，《人民日报》2013年11月16日，第1版。

②《中共中央关于全面推进依法治国若干重大问题的决定》，《人民日报》2014年10月29日，第1版。

③ 习近平：《决胜全面建成小康社会 夺取新时代中国特色社会主义伟大胜利——在中国共产党第十九次全国代表大会上的报告》，《党的十九大文件汇编》，党建读物出版社2017年版，第15页。

④《中共中央关于深化党和国家机构改革的决定》，《人民日报》2018年3月5日，第1版。

系，就是指"党领导下管理国家的制度体系"①，它包括人民代表大会制度这一保证人民当家作主的根本政治制度，中国共产党领导的多党合作与政治协商制度、民族区域自治制度、基层群众自治制度等基本政治制度，公有制为主体、多种所有制经济共同发展的基本经济制度，中国特色社会主义法治体系，以及经济、政治、文化、社会、生态文明和党的建设等各领域的体制机制、法律法规安排。它是一整套紧密相连、相互协调的国家制度，是党领导人民治理国家的基本依托。其中，建设中国特色社会主义法治体系是国家治理体系的骨干工程、基础工程。

（一）实现国家治理体系和治理能力现代化的必然要求和基本任务

实现国家治理体系和治理能力现代化，是全面深化改革的总目标，对中国共产党执政和治国理政提出了更高的时代要求。中国特色社会主义进入新时代，越来越要求我们党的执政能力和水平、治国理政能力和水平要在法治的轨道上，通过社会主义法治的建设，不断得到提升。因而，建设中国特色社会主义法治体系、建设社会主义法治国家，是全面深化改革、实现国家治理体系和治理能力现代化的必然要求和基本任务。

在法治下推进改革。法治体系建设是实现国家治理体系和治理能力现代化的重要基础和前提。在我国，全面深化改革只能是在法治之下的深化改革，而不可能是抛开法治另搞一套的改革。法治和改革是有机统一的。习近平总书记指出，"改革和法治如鸟之两翼、车之两轮"②，二者相伴而生，相辅相成。党的十八大以来，全面深化改革和全面依法治国成为新时代中国特色社会主义建设的两个重要战略布局。党的十八届三中全会和四中全会，分别就全面深化改革、全面依法治国作出顶层设计和战略部署，构成了相得益彰的姊妹篇，体现了"破"和"立"的辩证统一。改革和法治的关系，是我们坚持和发展中国特色社会主义必须处理好的一对重要关系。把法治与改革有机统一起来，在法治轨道上推进改革，既是改革有序深入、有效推进、取得成

---

① 《习近平谈治国理政》，外文出版社2014年版，第91页。
② 《习近平谈治国理政》第二卷，外文出版社2017年版，第39页。

功的关键，又是推进国家治理体系和治理能力现代化的根本途径。建设中国特色社会主义法治体系又是法治建设极为重要的基础性工程。法治建设的总目标是建设中国特色社会主义法治体系，建设社会主义法治国家。因此，建设中国特色社会主义法治体系，建设社会主义法治国家，是全面深化改革、实现国家治理体系和治理能力现代化的必然要求。

在改革中完善法治。法治体系建设是国家治理体系建设的基本任务。党的十八大以来，以习近平同志为核心的党中央，全面推进依法治国，"科学立法、严格执法、公正司法、全民守法深入推进，法治国家、法治政府、法治社会建设相互促进，中国特色社会主义法治体系日益完善，社会法治观念明显增强。"①中国特色社会主义法治建设，取得了巨大成就。但是，这并不意味着我国的法治已经尽善尽美、无须改革和发展。全面依法治国的任务依然繁重，中国特色社会主义进入新时代，将会呈现出越来越多的新特点、新矛盾、新事物、新形态，中国特色社会主义发展还将面临很多困难和挑战，国家治理体系和治理能力还需要进一步加强，因此我国当前的法治建设仍然需要在改革进程中不断完善。党的十八届三中全会决定确定了"完善和发展中国特色社会主义制度、推进国家治理体系和治理能力现代化"的全面深化改革总目标，其部署的336项改革任务中既包含了法治改革的内容，也必将带动法治体系各方面的深刻调整与变化。党的十八届四中全会决定部署的190项法治改革任务和举措，是全面依法治国的具体部署，遥相呼应了全面深化改革的整体布局。党的十八届四中全会决定所强调的建设中国特色社会主义法治体系，"形成完备的法律规范体系、高效的法治实施体系、严密的法治监督体系、有力的法治保障体系，形成完善的党内法规体系"的内容，是法治改革的具体部署，也是国家治理体系建设中的重要内容和基本任务。

（二）国家治理体系得以确立并产生效能的关键

对国家治理体系建设来说，法治体系建设既是其必然要求和基本任务，也是其得以确立并产生效能的关键。

---

① 习近平：《决胜全面建成小康社会 夺取新时代中国特色社会主义伟大胜利——在中国共产党第十九次全国代表大会上的报告》，《党的十九大文件汇编》，党建读物出版社2017年版，第4页。

第一，法治体系建设是国家治理体系得以确立的重要依托。社会主义制度只有借助有效的国家治理体系才能得到有效运行，获得巩固和完善。我国的国家治理体系中，最核心的就是那些确立人民当家作主和社会主义道路的制度性规定。这些制度性规定和实施，都必须通过国家的法治体系予以实现。比如：我国社会主义的基本政治制度和基本经济制度，都需要依赖以宪法为核心的中国特色社会主义法律体系来予以确立和维护。宪法将中国共产党领导中国人民在革命、建设和改革过程中所形成的国家和社会制度、优良传统、经验和成果列为法律条文，使之成为根本的遵循。宪法明确规定："本宪法以法律的形式确认了中国各族人民奋斗的成果，规定了国家的根本制度和根本任务，是国家的根本法，具有最高的法律效力。全国各族人民、一切国家机关和武装力量、各政党和各社会团体、各企业事业组织，都必须以宪法为根本的活动准则，并且负有维护宪法尊严、保证宪法实施的职责。"[①]法，是治国之重器；法治，是治国之根本。一个现代化的国家治理体系，本质上是一个法治体系。实现国家治理体系的现代化与实现法治体系现代化实际上是同步的。只有不断推进中国特色社会主义法治体系建设，才能使国家治理体系不断得到确立与完善。国家治理体系现代化，必须坚持党的领导、人民当家作主、依法治国有机统一。党的领导是实现国家治理体系的根本保证，人民当家作主是国家治理体系的本质特征，依法治国是党领导人民治理国家的基本方式。而依法治国的总目标，就是建设中国特色社会主义法治体系，建设社会主义法治国家。只有建立中国特色社会主义法治体系，才有可能建立起维护中国共产党的领导、维护中国特色社会主义制度、维护人民当家作主的党领导人民治理国家的现代国家治理体系。

第二，法治体系建设是国家治理体系产生效能的关键。国家治理体系中关于经济、政治、文化、社会和生态文明建设等方方面面的体制机制，都需要社会主义法治体系来保驾护航和支撑。国家治理体系的任何方面，都不会是束之高阁、悬于空中的，都必须落实到地面。国家治理体系与法律规范体系、法治实施体系、法治监督体系、法治保障体系，党内法规体系紧密衔接，相生相长。国家治理的原则，需要法律规范体系予以确定；国家治理成功经

---

① 参见《中华人民共和国宪法》（2018年修正版）。

验和成果，需要法律规范体系予以保障或上升为法律经验和条文。国家治理的实施，离不开法治护航，离不开法治监督，离不开法治保障，也离不开党的全面领导。没有法治做保障，国家治理体系根本就不能形成，或者形成了也根本无法实施和奏效。习近平总书记讲："依法治国是党领导人民治理国家的基本方略，法治是治国理政的基本方式，要更加注重发挥法治在国家治理和社会管理中的重要作用，全面推进依法治国，加快建设社会主义法治国家。"①只有不断加强中国特色社会主义法治体系，形成完备的法律规范体系、高效的法治实施体系、严密的法治监督体系、有力的法治保障体系，形成完善的党内法规体系，国家治理体系才能在法治的轨道上产生良好的效能。

（三）现代化国家治理体系建设的重要抓手

党的十八大以来，以习近平同志为核心的党中央提出了全面依法治国的战略部署，并在党的十八届四中全会上审议通过了《中共中央关于全面推进依法治国若干重大问题的决定》（以下简称《决定》），以党的文件形式第一次全面和系统地阐述了作为执政党的中国共产党依法执政和全面推进依法治国的系列改革主张。党的十八届四中全会通过的《决定》，实际上是从"全面推进依法治国"的角度对如何推进国家治理体系和治理能力现代化的问题做了比较详细的描述，将"全面依法治国"视为"推进国家治理体系和治理能力现代化"的重要举措和重要保证。因而，在阐述全面推进依法治国总目标的结尾处，鲜明地提出了"促进国家治理体系和治理能力现代化"的战略目标。"《决定》确立了'依法治国'与'国家治理体系和治理能力现代化'之间的'必要条件'关系，实质上是提出了'国家治理体系和治理能力现代化首先是法治化'的命题。"②全面推进依法治国，实现法治现代化，是实现国家治理体系和治理能力现代化的必经之路。

"全面推进依法治国是一个系统工程，是国家治理领域一场广泛而深刻的

---

①《习近平谈治国理政》，外文出版社2014年版，第138页。

② 莫纪宏：《全面推进依法治国是实现国家治理体系和治理能力现代化的重要保证》，《当代世界》2014年第12期。

革命，需要付出长期艰苦努力。"①该系统工程，复杂而庞大，涉及党和国家事业和工作的各领域、各方面、各环节，包含了依法执政、科学立法、严格执法、公正司法、全民守法、权力监督、人才队伍、政治保证、理论建设等领域，包括了执政党、人大、政府、政协、审判机关、检察机关、监察机关、政党组织、人民团体、企事业单位、社会组织、公民个人等方面，包括立法、决策、执行、监督、保障等环节。全面推进依法治国工作，不能眉毛胡子一把抓，需要牵住牛鼻子；深化依法治国的实践，不能悬于空中、虚无缥缈，需要落实到一个具体的抓手上。唯有如此，全面推进依法治国，才能真正得以有效实施并收到良好效果。习近平总书记讲："全面推进依法治国涉及很多方面，在实际工作中必须有一个总揽全局、牵引各方的总抓手，这个总抓手就是建设中国特色社会主义法治体系。依法治国各项工作都要围绕这个总抓手来谋划、来推进。"②

既然建设中国特色社会主义法治体系是全面依法治国的总抓手，而全面依法治国又是推进国家治理体系和治理能力现代化的重要举措，法治现代化又是国家治理体系和治理能力现代化必经之路，那么建设中国特色社会主义法治体系自然也就是现代国家治理体系和治理能力建设的重要抓手。国家治理体系的现代化，首先必须要求法治体系的现代化，即不断建立和完善中国特色社会主义法治体系。

（四）国家治理领域的深刻变革

习近平总书记强调：全面推进依法治国是国家治理领域一场广泛而深刻的革命。社会主义法治体系是国家治理体系的基础，它是基于全面巩固和完善中国特色社会主义制度的使命而形成的。所以，中国特色社会主义法治体系建设不是单纯地就法治论法治，而是紧紧围绕中国特色社会主义事业总体布局、围绕国家发展所需要的国家治理体系和治理能力来进行建设的。中国特色社会主义法治体系的建设和不断完善，必将带来国家治理领域深刻变革。

---

① 《中共中央关于全面推进依法治国若干重大问题的决定》，《人民日报》2014年10月29日，第1版。

② 习近平：《关于〈中共中央关于全面推进依法治国若干重大问题的决定〉的说明》，《人民日报》2014年10月29日，第2版。

党领导人民治理国家的方式发生整体性变革。中国特色社会主义法治体系的建设和不断完善，使传统的国家管理理念完全向现代的国家治理理念转变，党不再简单地运用"管理"的方式和理念来治理国家，而是越来越强调将依法治国作为党领导人民治理国家的基本方略，运用法治的手段，依靠人民的支持，依托国家宪法和法律制度来贯彻自己的执政主张，更加注重发挥法治在国家治理和社会管理中的重要作用。依法治国是我们党自己提出来的，把依法治国上升为党领导人民治理国家的基本方略也是我们党提出来的，中国共产党是依法治国的领导核心，其自身也要在宪法和法律范围内活动，要依法执政、依宪执政，推进依法执政制度化、规范化、程序化。中国特色社会主义法治体系的建设和不断完善，也更利于把党的政治优势、社会主义的制度优势转化为国家治理的良好效能。

政府履行行政职能的方式发生重大变革。中共中央、国务院于2015年12月印发的《法治政府建设实施纲要（2015—2020年）》提出：依法全面履行政府职能，完善依法行政制度体系，推进行政决策科学化、民主化、法治化，坚持严格规范公正文明执法，强化对行政权力的制约和监督，依法有效化解社会矛盾纠纷，全面提高政府工作人员法治思维和依法行政能力。其核心要义是，依法行政，建设法治政府。党的十八大以来，我国把"放管服"改革作为转变政府职能的突破口，优化政府职能；制定实施政府权责清单制度，推进各级政府事权规范化、法律化；建立健全法治政府建设考核制度机制，强化法治政府建设。

改革发展迎来全新的发展动力和发展平台。党的十八大以来，以习近平同志为核心的党中央全面依法治国，加快推进社会主义法治体系建设，坚持依法治国、依法执政、依法行政共同推进，法治国家、法治政府、法治社会一体建设，科学立法、严格执法、公正司法、全民守法全面发展，健全完善了符合中国国情、遵循治理规律、反映人民意志的制度体系，使国家治理各领域总体上有法可依、有章可循。全面推进依法治国，加快推进社会主义法治体系建设，为中国特色社会主义制度的自我完善提供了有效路径。中国特色社会主义制度自我完善的过程，也就是改革与发展过程。社会主义法治体系为中国社会的改革发展、中国特色社会主义制度有效运行提供了坚实的法律与制度基础。法治体系建设不断完善和推进，使中国特色社会主义的建设者们拥有良好的法治共识基础，使中国特色社会主义国家充满法治文化，社会主义法治国家的建立，将为我国改革发展创造全新的发展动力和发展平台。

在党的十九大报告中，习近平总书记无比自信地讲："站立在九百六十多万平方公里的广袤土地上，吸吮着五千多年中华民族漫长奋斗积累的文化养分，拥有十三亿多中国人民聚合的磅礴之力，我们走中国特色社会主义道路，具有无比广阔的时代舞台，具有无比深厚的历史底蕴，具有无比强大的前进定力。"[①]这份强大的时代自信，同样也源自于我们不断推进的全面依法治国，源自于这场国家治理的深刻革命。全面依法治国，为中国特色社会主义新时代保驾护航。以人民为中心的中国特色社会主义法治体系不断完善与发展，社会主义法治国家建设的不断推进，必将极大促进我国国家治理体系和治理能力现代化，极大增加我国建设社会主义现代化强国、实现中华民族的伟大复兴梦的自信和底气。

---

① 习近平：《决胜全面建成小康社会 夺取新时代中国特色社会主义伟大胜利——在中国共产党第十九次全国代表大会上的报告》,《党的十九大文件汇编》,党建读物出版社2017年版，第48页。

第二章 人民群众与中国特色社会主义法治道路

党的十八届四中全会明确提出要坚定不移走中国特色社会主义法治道路，并对中国特色社会主义法治道路的核心要义进行了明确阐述：中国特色社会主义法治道路的核心要义就是坚持党的领导，坚持中国特色社会主义制度，贯彻中国特色社会主义法治理论。[①]中国特色社会主义法治道路，符合我国国情，具有中国特色，彰显了我们的道路自信。这条法治道路决定了依法治国的性质和方向，对全面推进法治国家、法治政府和法治社会建设有着重要的理论意义和实践意义。习近平总书记提出："中国特色社会主义法治道路，是社会主义法治建设成就和经验的集中体现，是建设社会主义法治国家的唯一正确道路。"[②]"具体讲我国法治建设的成就，大大小小可以列举出十几条、几十条，但归结起来就是开辟了中国特色社会主义法治道路这一条。"[③]中国人民在中国共产党的领导下，总结革命和建设中的法治经验，解决了中国要不要进行法治建设，怎么样进行法治建设的问题，开辟了一条中国特色社会主义法治道路。这一道路的根本出发点和最终目的是为了保证人民群众当家作主的民主权利，维护人民群众的根本利益。

一、中国特色社会主义法治道路的根本保证

党的十八届四中全会通过的《中共中央关于全面推进依法治国若干重大问题的决定》明确指出："党的领导是中国特色社会主义最本质的特征，是社

---

① 《十八大以来重要文献选编》中，中央文献出版社2016年版，第146页。
② 《十八大以来重要文献选编》中，中央文献出版社2016年版，第147页。
③ 《习近平谈治国理政》第二卷，外文出版社2017年版，第113页。

会主义法治最根本的保证。"①党的十九大报告进一步明确指出："党政军民学，东西南北中，党是领导一切的。"②党的领导地位是宪法确立的，是历史选择了中国共产党，也是中国人民选择了党。法治道路的开辟和发展是由一定的政党来实现的。在中国，这样的任务是由中国共产党完成的，也只有中国共产党，才能保证这样的法治道路是以人民为主体的。走以人民为主体的法治道路，是时代发展的必然要求，也是党领导人民进行法治建设的必然抉择。必须把党的领导贯彻落实到全面依法治国全过程和各方面，坚定不移走中国特色社会主义法治道路，发挥党在社会主义法治建设过程中总揽全局、协调统一的作用，把加强党的领导、人民当家作主、依法治国有机统一起来，加快法治中国建设。

（一）中国共产党在长期的历史实践中探索形成了中国特色社会主义法治道路

中国共产党带领全国各族人民在革命和建设的过程中，总结历史正反两方面的经验教训，提出建设一个新的法治国家必须走中国特色社会主义法治道路。中国共产党自成立之日起，就开始了对中国法治道路的探索。早在1931年，中国共产党便拟制出台了《中华苏维埃共和国宪法大纲》，此后《土地法》《婚姻法》等一批法律法规相继出现。这表明中国共产党在革命的过程中就已经意识到要用法律来巩固革命成果，运用法律来保护劳苦大众的利益。新中国成立后，如何巩固新生的政权，如何保证社会主义建设顺利开展，是党面临的首要任务。党的第一代领导集体首先努力构建了新的社会主义法律体系，把法治建设放在了党和国家工作的重要位置，取得了许多重要成果，比如在巩固《中国人民政治协商会议共同纲领》的基础上出台了"五四宪法"，确立了我们社会主义国家的基本制度，各项法律制度也开始不断完善。但是，1957年之后，党对法治建设重要性的认识出现了偏差，认为在相当长时期内无产阶级和资产阶级的矛盾仍是社会的主要矛盾，由此党的法治建设进程放缓，人治的色彩逐步强化，甚至在"文化大革命"期间，公检法机关已经不

---

① 《十八大以来重要文献选编》中，中央文献出版社2016年版，第157页。

② 习近平：《决胜全面建成小康社会 夺取新时代中国特色社会主义伟大胜利——在中国共产党第十九次全国代表大会上的报告》，人民出版社2017年版，第20页。

能正常履行职能，法治建设遭到严重破坏，国家的法治进程急剧退化。法治建设倒退的后果就是党内民主思想日渐淡薄，集体决策让位于个人专断，社会生产秩序遭到严重破坏，个人权利遭到肆意践踏，国民经济严重衰退。总结这一时期的历史经验可以看出，党没有坚持进行法治建设，使我们国家付出了惨痛的教训。

1978年之后，我国进入改革开放新时期，在党的领导下我国的法治建设开启了新的篇章。党领导人民首先从经济领域进行改革。以往高度集中的计划经济体制已经不能适应社会发展的需要，必须向社会主义市场经济转变，而一个成熟完善的市场经济必须要有完善的法律制度的保障。在政治领域，政治体制改革也逐步展开，这一领域改革的重点在于加强人民民主，邓小平同志曾强调："为了保障人民民主，必须加强法制。必须使民主制度化、法律化，使这种制度和法律不因领导人的改变而改变，不因领导人的看法和注意力的改变而改变。"[①]这一时期党明确提出"为了保障人民民主，必须加强法制"的重要思想和"有法可依，有法必依，执法必严，违法必究"的指导方针。[②]随着改革不断走向深入，党对法治重要性的认识越来越清晰，并在党的十五大上正式提出"依法治国是党领导人民治理国家的基本方略"和"建设社会主义法治国家"的奋斗目标，[③]这一论断正是基于新中国成立后法治建设的历史经验提出来的。实现了从"法制"到"法治"的演变。党的十八大明确指出"法治是治国理政的基本方式"[④]，十八大之后，以习近平同志为核心的党中央继续把法治建设放在十分重要的位置上，把全面依法治国作为"四个全面"的重要一环，认为全面依法治国是实现全面建成小康社会和实现中华民族伟大复兴的中国梦的重要保障。中国特色社会主义法治建设出现了新的局面。党的十八届三中全会提出，建设法治中国必须坚持依法治国、依法执政、依法行政一体化建设，对于法治道路的认识有了新的发展。党的十八届四中全会第一次专门对全面依法治国进行了研究讨论，出台了《中共中央关于全面推进依法治国若干重大问题的决定》，对全面依法治国的总目标、总

①《邓小平文选》第二卷，人民出版社1994年版，第146页。
②《邓小平文选》第二卷，人民出版社1994年版，第146～147页。
③《十五大以来重要文献选编》上，中央文献出版社2011年版，第26页。
④《十八大以来重要文献选编》上，中央文献出版社2014年版，第21页。

蓝图、总部署等进行了详细规定，对党领导全国人民进行中国特色社会主义法治建设具有重要的意义，是我们党在新的历史起点上全面推进依法治国、加快建设社会主义法治国家的总的行动纲领，在我国的法治发展史上具有里程碑式的意义。党的十九大之后，新时代中国马克思主义法治思想已经形成，成为习近平新时代中国特色社会主义思想的重要组成部分。中国特色社会主义法治道路继续向前发展。

从新中国成立之后我国法治道路的发展过程来看，党的领导是我国法治道路形成和发展的根本保证。党是中国特色社会主义法治道路的倡导者和引领者，正是由于党科学总结了新中国成立之后法治建设过程中的经验教训，提出了要把依法治国作为治理国家的基本方略，才形成了具有中国特色的社会主义法治道路。

（二）中国特色社会主义法治道路的形成和发展离不开党的领导

走什么样的法治道路是关系法治建设的根本性问题。坚持人民的主体地位，是中国特色社会主义法治道路的本质要求。我国宪法明确规定：人民是国家的主人，国家的一切权力属于人民。党章也明确规定：党除了工人阶级和最广大人民群众的利益，没有自己特殊的利益。人民在我国的宪法地位和政治定位，决定了我国的法治道路一定是人民主体的法治道路。人民是法治道路建设过程中的主体和力量源泉。我国法治建设的一条基本经验，就是坚持党的领导、人民当家作主和依法治国的有机统一。三者一同构成了法治道路的基本内容。以人民为主体的法治道路能够保证人民依法治国的权利，能够为人民的幸福安康提供根本保证，能够满足人民对美好生活的向往。从这个意义上看，党的十八届四中全会把"坚持人民主体地位"[1]明确规定为全面推进依法治国必须坚持的一项基本原则，充分反映了我国法治建设的人民性，也正式表明我国的法治道路是以人民为主体的法治道路。

党的领导是人民主体地位得以实现的根本保障。只有在党的领导下依法治国、厉行法治，人民当家作主的权利才能充分得以实现，人民的主体性才能得到根本保障，国家和社会生活的法治化才能有序推进。党必须把人民的

---

[1]《十八大以来重要文献选编》中，中央文献出版社2016年版，第158页。

利益放在首位，把人民对美好生活的向往作为党的奋斗目标，加强和改进党的建设。同样，中国特色社会主义法治道路的根本目的也是为了保证人民群众的合法权益，惩治一切危害人民群众的不法行为。社会主义法治建设必须体现人民的意志。所以，在为人民谋利益的基点上党的领导和社会主义法治道路达到了有机统一。正是在这个意义上，我们说党的领导、人民当家作主和依法治国三者统一于中国特色社会主义法治建设道路。其中党的领导是关键，是中国特色社会主义法治道路的开创者和领导者。

近代史上曾经出现过各种各样的法治思想，也曾经走出了许多条不同的法治道路，唯有中国共产党所提出和坚持的法治道路给中国人民带来了真正当家作主的权利。戊戌变法是资产阶级维新派发动的，旨在通过引入资本主义的政治经济制度来改良清朝政府，希冀清朝政府设立议院、出台宪法，走君主立宪制的法治建设道路，但封建王朝不允许这样的构想付诸实施。戊戌变法仅开展103天即宣告失败，改良派希图建立的资产阶级法治道路没有获得成功。为了延缓清朝政府的寿命，清朝政府也曾想借助法治建设来收买人心，并提出预备立宪活动，但这些活动的本质是加强清朝政府的统治，继续保护封建统治阶级的利益，在中国不可能取得成功。辛亥革命之后，"中华民国"希望走资产阶级宪政的道路，但也没有取得成功，虽然孙中山提出了完整的建国方案和法治思想，如提出五权宪法，即在立法、行政、司法三权之外，增加考试权和监察权，具有历史的进步性。但是由于资产阶级本身的软弱性，虽然进行了一系列法治建设活动，但是却被迫把革命胜利的成果交给北洋军阀，致使革命成果遭到袁世凯的窃取，之后历届北洋政府内部不断争权夺利，宪政、议会等只是官僚、政客们争权夺利的工具。国民党组建政府之后，南京国民政府以西方法治道路为蓝本，开启的是为资产阶级服务的法治道路，人民在这样的法治道路中是处于从属地位的，最终演变成蒋介石的个人军事独裁统治。从清末戊戌变法到国民党建立的法治体系，都是对西方法律学习和移植的结果，希望建立的是西方资本主义法治的制度和体系，实质是资产阶级为主体的法治道路，最终都归于失败。虽然它失败的原因是多方面的，比如外国入侵、封建保守主义力量强大等，但根本的原因还是没有确立人民为主体的法治道路，没有把人民放在主体地位上，没有认识到人民群众的伟大力量，所以也就不可能得到广大人民群众的支持和认同。这意味着移植西方式的法治道路是不可能成功的。新中国成立后，在中国共产党的领导下，中国走上了一条以人民为主体的法治道路，社会主义法治建设才取得了成功。

综上可见，只有在中国共产党的带领下，走社会主义道路，社会主义法治建设才能不断发展，才能使人民获得更多的权利，人民才能真正当家作主。离开党的领导，中国法治建设可能还在黑暗中摸索前进。中国的法治道路是以人民为主体的法治道路，这和中国共产党的根本宗旨是一致的。只有加强党的领导，确保党的执政地位，提高党的执政能力，社会主义法治道路才能不断完善，社会主义制度才能不断巩固、国家才能长治久安。一些别有用心的人曾提出在我国搞"三权分立""司法独立"，其背后的用意在于否定党对社会主义法治道路的领导，取消党的执政地位，最终目的是要否定人民的主体地位，危害人民的根本利益。这是不能被我们接受的，对此我们一定要有清醒的认识。

从我国法治道路的形成和发展过程可以看出，适合我国国情的只能是以人民为主体的法治道路。我们要自主选择自己的法治道路。这条道路是历史和实践发展的结论，也是中国共产党领导中国革命和建设的基本结论之一。习近平总书记强调："世界上没有放之四海而皆准的具体发展模式，也没有一成不变的发展道路。历史条件的多样性，决定了各国选择发展道路的多样性。"[1]法治道路的选择同样如此，一个国家法治道路的选择不仅要遵循法治建设的一般规律，更重要的是要结合本国特定的历史条件和现实条件。法治是现代国家的一个共同选择，但是走什么样的法治道路，每个国家必须依靠自己的国情作出适合自己的选择。也就是说要把法治的一般理念和本国的具体国情结合起来，生搬硬套别国的法治道路势必会南辕北辙，遭受严重的挫折和失败。如英国"光荣革命"之后采取了君主立宪制、美国经历独立战争和南北战争之后建立总统制，这些国家法治道路的选择都跟其本国的历史文化传统和国情有着紧密的联系。我国是一个历史悠久、人口众多的大国，有着长期的封建专制的历史，生产力发展水平相对较低，普通大众的法治意识较为淡薄，在这样的一个大国进行法治建设，道路的选择至关重要。我们可以借鉴世界上其他国家关于法治建设的有益经验，但是绝不能全盘照搬，以

---

[1]《习近平谈治国理政》，外文出版社2014年版，第29页

西为尊。例如二战后兴起的一些民族独立国家在选择西方式的法治道路之后，并没有真正实现法治，反而导致国家政局动荡，百姓的民主权利并没有得到有效保障。历史已经告诉我们，走中国共产党领导下的中国特色社会主义法治道路是中国人民的正确选择，这是一条通向现代化法治国家的康庄大道。我们一定要在中国共产党的领导下，在习近平新时代中国特色社会主义思想的指引下，坚持走以人民为主体的法治道路。

（三）完善党的领导，推动中国特色社会主义法治体系建设逐步走向成熟

中国特色社会主义法治道路是由党提出来的，继续推进中国特色社会主义法治道路也必须依靠党的力量才能完成。习近平总书记告诫我们："必须牢记，党的领导是中国特色社会主义法治之魂，是我们的法治同西方资本主义国家的法治最大的区别。离开了中国共产党的领导，中国特色社会主义法治体系、社会主义法治国家就建不起来。"[1] 我们党有着优良的作风和传统，党在革命和执政过程中，积累了丰富的经验，同人民群众保持了血肉联系，始终能够把人民的利益放在工作的首要位置。建设社会主义法治国家是一项复杂而艰巨的任务，它涉及立法、司法、执法和守法等各个领域，要全面推进法治国家、法治政府和法治社会的建设，要使法治建设贯穿于经济、政治、文化、社会、生态文明等各个方面。这样一项伟大工程，除了中国共产党之外，没有别的力量能够顺利完成。所以社会主义法治建设必须由中国共产党来进行领导，有了党的领导，社会主义法治建设才能顺利展开，才能保证这条道路以人民为主体，也才能使法治建设的成果最终惠及全体人民。

党的领导必须在法治建设的框架下进行。社会主义法治道路要求党的领导应该遵循法治建设的轨道。中国共产党作为执政党，必须依法执政，必须处理好党同国家机关之间的关系。要在法治的框架下发挥党总揽全局的作用，正确处理好党和国家权力机关、行政机关、审判机关和检察机关的关系，不能把党的领导凌驾于法治体系之上。这是我们在认识党的领导和法治道路之间的关系时必须确保的原则。

---

[1]《习近平关于全面依法治国论述摘编》，中央文献出版社2015年版，第35页。

习近平总书记说："党的领导与社会主义法治是一致的，只有坚持党的领导，人民当家作主才能充分实现，国家和社会生活制度化、法治化才能有序推进。"①可以看出，党的领导和社会主义法治是统一的，不存在党大还是法大这一命题。要警醒一部分人借"党大还是法大"的讨论混淆视听，否定党的领导。党的领导和依法治国并不矛盾，相反两者相互促进。两者统一的根本点就是人民的主体地位。党的领导是就党的执政地位和领导地位而言的，对于每个党政组织、每个领导干部而言，都必须服从和遵守宪法和法律的规定。

党要保证人民在依法治国过程中的主体地位，维护人民当家作主的基本权利和最广大人民群众的根本利益。要把广大人民群众的根本利益放在第一位，把一切权力属于人民落实到具体的制度、体制安排当中，为人民依法参与国家治理和社会管理提供必要的渠道，从而推动中国特色社会主义法治体系建设。

第一，要实现党内法规的法治化。党内法规是中国共产党进行自身管理所制定的法规，用于规范党组织和党员的权利与义务，是管党治党的根本依据。党内法规和国家法律具有一致性，都是维护广大人民群众的根本利益。党内法规是改善党的领导，保证中国特色社会主义法治体系建设顺利进行的基本依据。习近平总书记指出："要完善党内法规制定体制机制，注重党内法规同国家法律的衔接和协调，构建以党章为根本、若干配套党内法规为支撑的党内法规制度体系，提高党内法规执行力。"②党内法规建设是法治体系建设的一部分，要进一步完善党内法规制定的体制机制，加大党内法规备案审查和解释力度，形成配套完备的党内法规制度体系。党章是党内法规中的"宪法"，遵守党内法规首先要自觉遵守党章，党内法规是对党员干部的基本要求，要求党员干部必须树立为人民服务的宗旨，保持共产党人先进性，廉洁从政，严于律己，所以党内法规要严于法律。党的十八大以来，我们党在党内法规的制定和清理方面取得了重大进展。2013年发布了《中国共产党党内法规制定条例》《中国共产党党内法规和规范性文件备案规定》这两部党内法规。这两部法规带有党内立法的性质，对于党内法规的制定作出了明确规定。依照

①《习近平关于全面依法治国论述摘编》，中央文献出版社2015年版，第19页。
②《习近平谈治国理政》第二卷，外文出版社2017年版，第119页。

这些规定，党内法规的清理工作全面展开。2015年10月全新修订的《中国共产党廉洁自律准则》和《中国共产党纪律处分条例》颁布施行，这是适应新形势下从严治党所作出的重大改变，能够有效遏制党的组织涣散、纪律松弛、领导弱化、党员腐化等严重问题。加强党内法规的建设，要解决好党的建设问题，提高党的领导能力。除此之外，还要积极推进党内民主制度的建设，增强党的活力。要坚持民主集中制原则，确保党员的知情权、参与权、选举权和监督权的落实到位，同时也要保证在民主基础之上适度的集中，保证党的集中统一领导。

第二，党的领导方式和执政方式要适应中国特色社会主义法治道路发展的要求，在依宪执政、依法执政、依法行政的过程中，要注重领导方式和执政方式的法治化、科学化和现代化。宪法是我国的根本大法，具有最高的法律地位，党的领导首先要体现在对宪法的尊重和维护，宪法规定人民当家作主的地位，对中国特色社会主义法治道路的推动有着重要作用。各级党组织和党员干部都要树立宪法法律至上的理念，一切活动都要在宪法和法律范围内开展，不能超越宪法和法律的权限，否则就要受到法律的惩罚。要通过制度创新加强和改进党对法治工作的领导。要尽快制定相关法律法规，使党的领导有法可依。我国虽然有对党的领导的宪法性规定，但是缺乏具体的法律法规加以具体落实，因此党领导的权限、方法、步骤、程序等缺乏明确的规定，导致实践中党的领导不是出现领导涣散、领导不力的情况，就是有可能出现以党代政的情况，要避免这样的情况出现就要通过法律的形式把党的领导制度化、规范化。

要善于使党的主张通过社会主义法治的渠道上升为国家意志，使党的路线、方针、政策能够在国家的工作中得到彻底贯彻。要善于使党组织推荐的人选通过法定的程序成为国家政权机关的领导人员。中国共产党处于执政地位，并不意味着党组织和党员可以随心所欲地去处理政务。相反，按照现代法治观念，国家的权力属于人民，我国宪法规定了国家的一切权力属于人民。人民在国家中处于主体地位，通过选举代表制定法律的方式来体现自己的意志，通过选举产生行政人员的方式来行使自己的权力。中国共产党作为人民大众中先进分子构成的组织，代表了最广大人民群众的利益。但是中国共产党必须通过一定的程序，把人民群众的主张上升为国家意志。这样的程序就是法治的方式，即通过法定的程序提交给国家立法机关进行讨论，决定是否需要形成法律，只有形成法律，党的主张才能转变为国家意志。所以，党的领导不是简单地提出自己的主张，要善于通过法定的渠道转变为国家政权机关的意志和行为。

同样如此，要善于使党组织推荐的人选通过法定的程序成为国家政权机关的领导人员。中国共产党要发挥好依法执政的作用，就必须选拔优秀的领导干部进入国家政权体系中进行执政。这一选拔的过程也必须通过法定的程序进行，通过法定的程序，党把组织内的优秀分子推荐给人民代表大会，人民代表大会通过一定的选举程序，选举产生人民代表支持的人员进入政府机关。这不仅能够保证党对国家机关的控制和领导，也能够使国家政权机关的领导人员的产生遵循法治的原则，保证民主的进程。

第三，把党的领导贯彻到依法治国的全过程和各方面。这是我国社会主义法治建设的一条基本经验。[1]要把党的领导体现在法治体系建设的全过程中，在法治建设的各个环节中都要体现党的领导。依靠党的领导推进依法治国方略的实施，要健全党领导依法治国的制度和工作机制，加强党对全面推进依法治国的统一领导，真正把坚持人民主体地位的法治建设落到实处。"坚持党的领导，不是一句空的口号，必须具体体现在党领导立法、保证执法、支持司法、带头守法上。"[2]

首先，要坚持在党的领导下科学立法。走中国特色社会主义法治道路，完善中国特色社会主义法律体系，首要一步是加强立法工作，把人民反映强烈的，符合人民利益的事项尽早提上立法议程。要完善立法体制，在立法的过程中坚持公开、公平、公正的原则，加强立法过程中的调查研究，以人民的利益为立法的最高准则，切实提高立法质量。凡立法涉及重大体制和重大政策调整的，必须报党中央讨论决定。法律制定和修改的重大问题由全国人大常委会党组向党中央报告。[3]其次，党要保证严格执法，党的领导在法治建设过程中的一个重要作用就是保证依法执政、依法行政，法治政府的建设是党的领导的重要体现，要建设职能科学、责权法定、公正廉洁、诚信高效的

---

① 《十八大以来重要文献选编》中，中央文献出版社2016年版，第147页。

② 《习近平关于全面依法治国论述摘编》，中央文献出版社2015年版，第28页。

③ 《十八大以来重要文献选编》中，中央文献出版社2016年版，第161页。

法治型政府，推进行政体制改革，健全依法决策机制，使法律真正服务于民。对于各级单位的执法犯法、违法用权的行为，要坚决予以查处，绝不能姑息。再次，党还要支持公正司法。也就是说党的各级组织要支持人民法院、人民检察院独立公正地行使审判权、检察权。党员干部要有法治理念，不能利用职权干预司法工作。要深化司法体制改革，使司法机关能够独立自主地行使办案权、审判权和检察权。党的十八届四中全会指出："建立领导干部干预司法活动、插手具体案件处理的记录、通报和责任追究制度。……对干预司法机关办案的，给予党纪政纪处分；造成冤假错案或者其他严重后果的，依法追究刑事责任。"①最后，党员干部要带头自觉守法。党要加强对中国特色社会主义法治体系建设的领导，就必须带头遵守宪法法律，率先垂范，以身作则。党政主要负责人要履行推进法治建设第一责任人职责，对于履职不力的党员干部要进行追责。党的十八届四中全会指出："各级党员干部要对法律怀有敬畏之心，牢记红线不可逾越、法律底线不可触碰，带头遵守法律，带头依法办事，不得违法行使权力，更不能以言代法、以权压法、徇私枉法。"②这样才能在全社会营造良好的法治环境，不断推进中国特色社会主义法治体系的建设。

二、中国特色社会主义法治道路的制度基础

中国特色社会主义制度是我国在社会主义事业建设进程中，在政治、经济、文化、社会、生态等各个领域形成的一整套相互衔接、紧密联系的制度体系。这一制度体系为中国特色社会主义法治道路的发展指明了根本方向，提供了制度保障。

（一）法治道路必须建立在一定的社会制度基础之上

制度和道路紧密相连。制度为法治道路的确立和发展提供了必要前提。制度决定了这个国家的根本性质和基本架构，是一个国家进行法治建设的基础。在确立了基本制度体系之后，我们才能以此为起点，构建一个国家的法

---

① 《十八大以来重要文献选编》中，中央文献出版社2016年版，第168页。
② 《十八大以来重要文献选编》中，中央文献出版社2016年版，第177页。

律体系，启动一个国家的法治进程，形成一个国家的法治道路。一个国家走什么样的法治道路，不可能脱离这个国家的基本制度；同样，一个国家的基本制度也为这个国家法治道路的不断前进提供制度保障。不同的法治道路产生于不同的制度基础，西方法治道路的基础是资本主义制度，以资本主义的价值理念作为思想根基。我国是社会主义国家，现阶段我们正努力建设中国特色社会主义制度，我们的法治道路的选择也要建立在中国特色社会主义制度基础之上，并为之服务。

第一，中国特色社会主义制度规定了我国法治道路的性质。中国特色社会主义制度是中国共产党在领导中国革命和建设的过程中进行理论创新和实践创新的主要成果，是马克思主义基本原理和中国具体实践相结合的产物。马克思主义从创立之初就把维护无产阶级的利益作为理论的起点。在中国特色社会主义制度体系中，人民代表大会制度是居于核心的根本政治制度，是为保障人民当家作主而创设的。领导我国制度建立和创新的中国共产党是以全心全意为人民服务为宗旨的。实践已经证明，中国特色社会主义制度是符合中国国情的。所以，建立在这一制度基础之上的法治道路能够保证人民群众的主体地位，维护人民群众的根本利益。

第二，中国特色社会主义制度保障中国特色社会主义法治体系建设的进程不受干扰，不被中断。中国特色社会主义制度，就是人民代表大会制度的根本政治制度，中国共产党领导的多党合作和政治协商制度、民族区域自治制度以及基层群众自治制度等基本政治制度，中国特色社会主义法治体系，公有制为主体、多种所有制经济共同发展的基本经济制度，以及建立在这些制度基础上的经济体制、政治体制、文化体制、社会体制等各项具体制度。[1]这一制度体系逻辑严密，运行有效，集中体现了中国特色社会主义的特点和优势，是当代中国发展进步的的根本制度保障。有了这一强大的制度保障，我们的法治建设的进程才能更加顺畅，法治建设的目标才会早日实现。

第三，建设中国特色社会主义法治体系的目的也是为了巩固和发展中国特色社会主义制度。中国特色社会主义法治道路的开辟和发展彰显了中国特色社会主义制度的科学性、人民性和优越性。任何国家的法治道路，从根本

---

[1]《十八大以来重要文献选编》上，中央文献出版社2014年版，第10页。

上说，都是维护一定的社会制度的，从而保障统治阶级的利益。在我国，坚持中国特色社会主义法治道路正是为了更好地维护最广大人民群众的利益，这也是中国特色社会主义制度的题中应有之义。我们必须加快建设中国特色社会主义法治，全面推行依法治国，完善中国特色社会主义法治体系，维护广大人民群众的利益，从而更好地巩固和发展中国特色社会主义制度。

总之，只有坚持中国特色社会主义制度，才能沿着中国特色社会主义法治道路不断前进。只有坚持中国特色社会主义制度，才能确保我国法治道路的人民主体属性。

（二）中国特色社会主义制度和中国特色社会主义法律体系是统一的

坚持中国特色社会主义法治道路需要坚持和完善中国特色社会主义制度体系。这不仅是由中国特色社会主义制度的属性决定的，而且是由制度和法律体系的统一性决定的。法律体系是制度的文本表达和具体表现，更是中国特色社会主义法治体系建设的基本成果。只有具备系统完善的法律体系，科学化、民主化的立法水平，才能保证依法治国的顺利施行，达到良法善治的目的。完善中国特色社会主义制度，就要完善中国特色社会主义法律体系，这是对中国特色社会主义法治道路发展最坚实的保障。

第一，中国特色社会主义法律体系是中国特色社会主义制度的规范表达和文本形式。中国特色社会主义法律体系是社会主义制度在法律层面的具体表现。也就是说，法律体系是对一定社会制度的反映，这是任何一个阶级社会的共同特征。这是因为社会制度是统治阶级意志的集中体现，为了使这一社会制度得到全体人民的支持和认可，需要把社会制度上升到法律层面，由法律这种强制性手段加以强化和保障。我国是社会主义国家，已经建立起中国特色社会主义制度，这一制度得到全国人民的拥护，保障了人民当家作主的权利，所以，有必要把这一制度通过法律的形式加以确定，这一方面能够更好保障人民当家作主的权利，另一方面也能够对少部分试图颠覆我社会制度的反动分子施行专政，巩固我国的社会主义制度。

广义上的中国特色社会主义法律体系，是对适应我国国情的具有中国特色的社会主义法律上层建筑的总称，不仅包括内在统一、相互联系的不同部门的法律规范，还包括占主导地位的法律意识、法律文化及法律实践活动。狭义上的中国特色社会主义法律体系仅指适应我国国情的法律系统。根据法律调整对象的不同可以对法律体系进行部门划分，即中国特色社会主义法律体系在宏观层次上划分为三大部门群，即公法、私法和社会法。在这三大部门群的框架下，可以对法律部门进行更具体的划分，所以，法律体系还可以分为五个基本法律部门和五个分化组合的派生部门，五个基本法律部门即宪法、行政法、民商法、刑法和诉讼法，五个派生部门即经济法、财政金融法、生态法、婚姻家庭法、劳动和社会保障法。

第二，中国特色社会主义法律体系体现中国特色社会主义的基本特征。中国特色社会主义法律体系产生于建设社会主义现代化的伟大实践中，汇聚了全国各族人民的共同智慧，具有明显的中国特色。这一体系能够使中国共产党领导全国广大人民群众当家作主，实行依法执政，实现执政为民；能够使社会主义和市场经济相结合，发挥市场经济的重要作用；能够实现社会主义文化大发展大繁荣；能够使社会更加和谐稳定，具有极其重要的作用。所以说，中国特色社会主义法律体系体现了中国特色社会主义的基本特征，同中国特色社会主义制度具有统一性。

首先，中国特色社会主义法律体系以中国特色社会主义理论为指导。中国特色社会主义理论是实践证明了的适合我国国情的能够促进我国经济社会发展进步的理论体系。这一理论体系是包括邓小平理论、"三个代表"重要思想、科学发展观、习近平新时代中国特色社会主义思想的科学理论体系，是马克思主义与中国国情相结合的产物，是我们必须长期坚持的指导思想。中国特色社会主义法律体系以新中国确立的社会主义法律框架为蓝本，是在中国特色社会主义实践不断深化发展的基础上，在中国特色社会主义理论的指导下建立起来的。我们正是由于坚持了中国特色社会主义理论作为立法工作的指导思想，才使我们所确立的法律体系适合我国国情，体现广大人民群众的利益，为依法治国提供了可靠的保障。有了这一理论的指导，我们的法律体系才能不断适应我国经济社会发展的要求，走向更加成熟完善。

其次，中国特色社会主义法律体系维护最广大人民群众的共同利益。我国是人民民主专政的社会主义国家，国家的一切权力属于人民，所以在立法过程中必须坚持以人为本，立法为民。"体现人民共同意志、保障人民当家作主、维护人民根本利益，是中国特色社会主义法律体系的应有之义。"①我国的法律体系在社会主义现代化的建设中发挥出越来越重要的作用，根本原因就是法律体系代表的是最广大人民的利益。没有人民的理解、支持和遵循，再完备的法律体系都难以发挥应有的作用。在立法工作中，必须以人民群众的根本利益作为出发点和落脚点，立法机关要善于征询人民群众的意见，尊重人民群众的首创精神，即不仅注重在立法程序中走群众路线，通过各种形式的座谈会、论证会、听证会来听取人民群众的意见，还要在法律规范中体现最广大人民群众的利益，统筹兼顾不同群众的意见，解决人民群众的切身利益问题，而不能为少数利益集团代言。要注意发挥人民群众的监督作用，对于不能反映人民群众利益的法律规范要及早进行修订，防止立法机关、执法机关置人民群众的利益于不顾，破坏法治。

最后，中国特色社会主义法律体系符合中国国情和具体实际。"法的关系正像国家的形式一样，既不能从它们本身来理解，也不能从所谓人类精神的一般发展来理解，相反，它们根源于物质的生活关系。"②法律关系是具体的，必须建立在一定的物质生产关系之上。正是因为如此，中国特色的社会主义法律体系必须符合中国国情，扎根于中国社会主义现代化建设的具体实践当中，这样才能具有强大的生命力。我国的法律体系符合我国的实际和国情，但也吸收借鉴国外的立法经验为我所用，吸收借鉴国外的立法经验要与我国的国情相结合，不能照搬照抄，食洋不化。

第三，中国特色社会主义法律体系需要随着中国特色社会主义制度的不断发展而不断完善。我国现有的法律体系同具体的法律实践要求、同经济社会发展的时代需要存在不协调、不适应甚至严重冲突的地方，需要加强立法工作，提高立法质量，最终形成完备的法律体系。这不仅是中国特色社会主义制度的根本要求，也是坚持中国特色社会主义法治道路的根本要求。

社会主义法律体系的形成不等于法律规范体系的完备，完备的中国特色社会主义法律规范体系应该具有的特征有：一是质量为本。法律规范必须能够反映最广大人民群众的意志和利益，符合公平正义要求。二是价值统一。完备的法律规范体系应当统一贯彻社会主义法治的基本价值，这就是说，要

① 《十七大以来重要文献选编》下，中央文献出版社2013年版，第126页。
②《马克思恩格斯选集》第二卷，人民出版社2012年版，第2页。

恪守以民为本、立法为民的理念，贯彻公平正义等核心价值观。三是体系完善。中国特色社会主义法律体系的形成，只是五个法律部门和三个层次的法律已经基本齐备，能够涵盖社会生活的主要方面，基本解决有法可依的问题，但并不等同于各个具体的法律法规内容的完整性和体系的完备性。所以，要继续完善中国特色社会主义法律体系，形成更加完善的法律规范体系。

首先，完善立法体制。继续健全人大主导立法、社会多方面共同参与的立法体制。人大及其常委会是我国的立法机关，进一步完善人大及其常委会立法的体制机制，同时要处理好党与人大立法的关系。要加强党对立法工作的领导，完善党对立法工作中重大问题决策的程序。一些事关全局的重要性立法事项，应该经过党的讨论决定。党对立法工作的领导不会干涉人大主导立法的格局。要防止立法工作中的部门利益和地方保护主义干扰正常的立法工作，建立争议事项第三方评估机制，建立立法工作中公众参与机制，使立法工作能够吸纳社会各界意见，取得最大的公约数。

其次，科学立法、民主立法。立法工作是一项专业性很强的工作，所以，在立法工作中要贯彻科学精神，倡导科学立法，使法律法规的制定能够符合客观规律，符合实际情况，能够有效地发挥法律的作用。健全立法起草、论证、协调、审议机制，完善立法项目征集和论证制度。科学立法需要大量的调查研究，要深入到实际生活当中，寻找事物的本质。逐步建立立法项目论证、法律草案出台前评估和立法后再评估的机制，规范立法工作。扩大立法征求群众意见的范围，发挥社会公众参与的积极性，体现民主立法的精神。重要的法律草案可以多次公开向社会征求意见，要重视群众意见。拓宽公民参与立法的途径。开展立法协商，重视发挥政协委员、民主党派、工商联、无党派人士、人民团体、社会组织在立法协商中的作用。

再次，加强重点领域的立法。中国特色社会主义现代化建设已经步入了关键时期，要全面改革开放，在政治、经济、文化、社会、生态文明等领域进行全方位的改革，就必须在上述领域中的一些关键问题上尽快立法，推动全面改革的顺利进行，为2020年全面建成小康社会提供法治保障。特别是随着社会主义市场经济的发展，市场将要在资源配置中起决定性作用，处理好政府与市场的关系成为经济体制改革的核心问题，所以，关于市场领域的立法将成为立法的重点。随着国有企业改革的深入，混合所有制改革成为国有企业改革的新的切入点，加强对国有资产的监管，防止国有资产的流失也应该成为立法的重点，必须进一步完善国有资产监管体制，变管资产为管资本，逐步形成完善的国有资本管理法律体系。还应该加快建设生态文明法律制度体系，遏制生态环境恶化的趋势，还人民群众一个舒心、无污染的生活环境。

最后，完善中国特色社会主义法律体系需要加强法律的实施。法律体系建成之后，如何保证法律体系的实施就成为首要问题。我们要做到有法必依、执法必严、违法必究。要依法行政、公正司法，在法律实践中不断丰富法律体系的内涵。"法治的生命在于法律的质量，法治的效益却在于法律的实现。"①形成完备的法律体系是第一步，全面实施法律体系用以服务我们的社会主义现代化建设是第二步。我们要努力维护宪法的权威和尊严，宪法是国家的根本大法，任何个人、机关和企事业单位都要以宪法为根本的活动准则，要完善宪法监督制度，健全宪法解释程序机制，坚决维护宪法的尊严。行政机关开展工作要以法律为依据，依法全面履行政府职能。司法机关的公正司法是社会主义法律体系全面实施的根本保障，要以事实为根据，以法律为准绳，推行程序公正和实体公正相结合。要大力加强社会主义法治文化建设，营造全民守法、违法必究的社会环境，增强全社会的法制观念，更大程度地发挥出中国特色社会主义法律体系的作用。

（三）坚持和完善中国特色社会主义制度，加快中国特色社会主义法治建设

中国特色社会主义制度包括根本制度、基本制度、具体制度三个层面。由于政治制度和经济制度在社会制度体系中居于重要地位，所以在基本制度层面区分了基本经济制度和基本政治制度，而文化、社会、生态文明领域的制度由政治制度和经济制度决定，所以这几个领域的制度主要由具体制度所构成。在政治制度中，人民代表大会制度是根本政治制度，以区别于中国共产党领导的多党合作和政治协商制度、民族区域自治制度、基层群众自治制度三项基本政治制度。这是因为人民代表大会制度是中国政权的组织形式，

---

① 周叶中、伊士国：《关于中国特色社会主义法律体系的几个问题》，《思想理论教育导刊》2011年第6期。

体现了人民民主专政的政权性质。此外，由于社会的复杂性和系统性，除了占据主要地位的根本和基本制度外，大量的制度是体现或构成基本制度的具体制度，或称之为体制，这些制度按照所处社会领域的不同又可区分为政治体制、经济体制、文化体制、社会体制、生态文明体制等。

由根本制度、基本制度和具体制度构成的衔接完备的中国特色社会主义制度体系，不仅可以为中国特色社会主义法治道路的发展提供制度基础，而且其本身就是法律体系的表现。所以，我们要加快完善中国特色社会主义制度，为全面依法治国提供制度保障。如此，我们的中国特色社会主义法治建设才能不断前进。

第一，完善人民代表大会制度。人民代表大会制度是我国的政体，是我国的政权组织形式，具体规定了国家权力如何行使。人民代表大会制度是我国人民民主专政国体的表现形式，反映了国家的性质。所以，人民代表大会制度是我国的根本政治制度，是对我国各个国家政权机关的地位以及它们之间的相互关系的抽象概括，是指全体人民定期直接或间接选举产生代表，组成全国人民代表大会和地方各级人民代表大会，作为人民行使国家权力的机关，代表人民统一行使国家权力，并由人民代表大会组织政府、法院和检察院，并对其进行监督的政权组织形式。人民代表大会制度是按照民主集中制原则建立起来的，能够保证人民行使自己管理国家的权力。刘少奇在1954年宪法报告中指出："人民代表大会制度所以能够成为我国的适宜的政治制度，就是因为它能够便利人民行使自己的权力，能够便利人民群众经常经过这样的政治组织参加国家的管理，从而得以充分发挥人民群众的积极性和创造性。"[①]这一根本政治制度是中国共产党领导下的中国人民经过长期探索后的主动选择，是中国特色社会主义民主政治制度的核心内容，能够保障党的领导、人民当家作主和依法治国三者的有机统一。

实践证明，"人民代表大会制度是符合中国国情和实际、体现社会主义国家性质、保证人民当家作主、保障实现中华民族伟大复兴的好制度。"[②]人民代表大会制度是适合我国国情的有中国特色的政权组织形式，为我国的政治稳定、经济发展作出了重要贡献。党的十八届三中全会指出，要"坚持人民

①《刘少奇选集》下卷，人民出版社1985年版，第156页。
②《十八大以来重要文献选编》中，中央文献出版社2016年版，第53页。

主体地位，推进人民代表大会制度理论和实践创新，发挥人民代表大会制度的根本政治制度作用。"[①]只有不断地完善和发展人民代表大会制度，推动人民代表大会制度不断与时俱进，才能使其优越性不断得到发挥。当然，对人民代表大会制度的进一步完善，并不是说人民代表大会制度不好，任何一项制度，都必须随着实践的发展而不断完善，我们不能因为人民代表大会制度实施过程中的一些缺陷而对其否定，转而不顾国情去照搬国外的三权分立制度。照搬国外的做法，不仅不能达到预期目的，反而会带来社会的混乱和动荡。这点我们必须明确。

第二，完善基本政治制度。所谓基本政治制度，是指在国家政治制度中具有全局性战略地位，在社会各领域发挥不可替代的重要作用的政治制度。[②]中国特色社会主义基本政治制度包括中国共产党领导的多党合作和政治协商制度、民族区域自治制度以及基层自治制度等。完善中国特色社会主义基本政治制度对于加快中国特色社会主义制度体系的建设具有十分重要的意义。中国共产党领导的多党合作和政治协商制度是我国的一项基本政治制度，是具有中国特色的社会主义政党制度，是马克思主义政党理论和统一战线学说与我国具体实际相结合的产物，是社会主义民主政治制度的重要内容。这一政党制度是中国共产党与各民主党派在长期的革命与建设的实践中确立和发展起来的，具有鲜明的中国特色，既不同于西方资本主义国家的两党制或多党制，也有别于一些国家实行的一党制，是一种新型的社会主义政党制度。坚持和完善中国共产党领导的多党合作和政治协商制度，对于建设社会主义政治文明，拓展中国特色社会主义法治道路具有重要意义。民族区域自治制度也是我国的基本政治制度之一。民族区域自治制度是指在国家统一领导下，各少数民族聚居的地方实行区域自治，设立自治机关，行使自治权的一种制度。民族区域自治的核心是保障少数民族当家作主，管理本民族、本地方事务的权利。民族区域自治制度是民族自治和区域自治的结合。这一制度是中国共产党把马克思主义关于民族问题理论和我国多民族的具体实际相结合的产物，体现了民族平等、团结、互助的原则。民族区域自治制度适合我国的国情，具有巨大的优越性，是党和各族人民的一个伟大创举。只有进一步完

---

① 《十八大以来重要文献选编》上，中央文献出版社2014年版，第527页。
② 聂月岩：《当代中国政治制度》，北京大学出版社2011年版，第74页。

善民族区域自治制度，巩固和发展平等、团结、互助、和谐的社会主义民族关系，才能使全国各族人民齐心协力一起为实现社会主义现代化的目标而奋斗。所谓基层群众自治制度，就是在党的领导下，基层群众通过一定的组织和形式，依法直接行使民主选举、决策、管理、监督等各种权利的运行机制。具体讲，这一制度主要包括农村中的村民自治制度、城市中的居民自治制度和基层企事业单位中的职工代表大会制度等各种基层自治制度。人民通过基层自治制度可以直接行使民主权利、管理基层公共事务和公益事业，实行自我管理、自我服务、自我监督，对干部实行民主监督，这已经成为当代中国人民当家作主最有效、最广泛的实践，需要在实践中不断完善，扩大广大人民群众的民主参与。

第三，完善基本经济制度。基本经济制度是所有制结构的具体制度表现。不仅指一个社会所容纳的所有制形式及其构成比例的关系，从而反映一个社会制度的性质；也包括反映所有制结构的具体的产权制度体系，即特定社会制度下个体、组织之间对于物的权属关系。我国的基本经济制度不仅包括所有制的结构，即解决公有制经济和非公有制经济的关系问题，从微观上来讲，还包括涉及国有企业和民营企业的产权问题。在一个社会生产关系基本确定的情况下，要更加关注社会的微观产权问题，即反映物归属的法律关系变动所产生的企业效率问题。所以，完善基本经济制度既是指对所有制结构的继续调整，也是对构成基本经济制度的各项具体产权制度的改革和发展，是对所有制实现形式的不断完善和创新。

党的十五大报告提出，公有制为主体，多种所有制经济共同发展，是我国社会主义初级阶段的一项基本经济制度。[①]这一论断建立在所有制结构"共同发展论"的基础之上，表明党对所有制结构的认识已经提升到了基本制度的层面，所有制结构正式作为国家的一项基本制度固定下来。社会主义初级阶段的基本经济制度的确立是对社会主义所有制理论的重大创新，也是对以前所有制结构改革经验教训的总结。非公有制经济不再是社会主义经济可有可无的"附属品"，也不再只起"补充"的作用，它从以前的"制度外"进入到"制度内"，地位得到极大提高。党的十五大报告还提出要把调整和完善所

---

① 《十五大以来重要文献选编》上，中央文献出版社2011年版，第17页。

有制结构作为今后经济体制改革首要的重大任务。2002年，党的十六大针对公有制经济和非公有制经济发展中出现的新问题，提出了"两个毫不动摇"的方针：毫不动摇地巩固和发展公有制经济；毫不动摇地鼓励、支持和引导非公有制经济发展。"两个毫不动摇"是处理公有制经济和非公有制经济的根本原则，在这样的基础上，基本经济制度才能得到坚持和完善。党的十六大还提出了"积极推行股份制，发展混合所有制经济"的要求，为公有制经济的发展指出了新的方向。2007年，党的十七大在坚持"两个毫不动摇"方针的基础上进一步提出"坚持平等保护物权，形成各种所有制经济平等竞争、相互促进新格局"。"两个平等"提法的出现是对"两个毫不动摇"思想的深化，对于处理公有制经济和非公有制经济的关系有着重要的意义。只有从法律上的平等保护和经济上的平等竞争着手，才能使人们正确认识"两个毫不动摇"，从而消除实践中对非公有制经济的偏见，为非公有制经济的发展进一步扫清制度上的障碍，最终实现公有制经济和非公有制经济共同发展的局面。

党的十八届三中全会在坚持"两个毫不动摇"方针的基础上，提出"公有制经济和非公有制经济都是社会主义市场经济的重要组成部分，都是我国经济社会发展的重要基础"①。这对构成基本经济制度的公有制经济和非公有制经济的地位和作用作了新的阐释。公有制经济和非公有制经济在市场经济中都是平等的竞争主体，都要受市场经济规则的约束。党的十八届三中全会同时还提出要积极发展混合所有制经济，认为混合所有制经济是基本经济制度的重要实现形式，这对于下一步国有企业改革和民营经济的发展有着重要的指导意义。

第四，完善具体制度层面的各项制度。基本制度与具体制度既是相互区别的，又是相互联系、相互渗透的，是辩证统一的关系。②根本制度、基本制度是中国特色社会主义制度体系的基础部分，反映了国家政权的政治、经济属性，是抽象的、一般性的，具有决定性作用，但是具体制度和体制也是不可或缺的部分，根本制度、基本制度都要依靠具体制度发挥作用，具体制度出现问题也会阻碍基本制度优越性的发挥，改革和完善具体制度，才能促进

① 《十八大以来重要文献选编》上，中央文献出版社2014年版，第515页。
② 陶文昭：《论中国特色社会主义制度》，《学习论坛》2012年第3期，第7页。

基本制度的完善和发展。

政治体制就是具体的政治制度，是政治制度的具体表现和实现形式，主要包括政党、政权机关和其他政治组织的结构体系、职能划分及其运作方式。我国的政治体制可以称之为社会主义民主政治体制。民主政治体制能够反映我国政治制度的本质属性是人民当家作主，体现政治体制改革的目标是发展社会主义民主政治。政治体制改革是社会主义政治制度的自我完善和发展，是在坚持社会主义基本政治制度的前提下，改革上层建筑中不适应基本经济制度和经济体制改革要求的、不利于发挥社会主义民主、不利于发展社会生产力的具体的体制机制。我国所建立的根本政治制度、基本政治制度是适应我国国情的制度，有利于人民当家作主，也有利于生产力的发展，但是体现根本和基本政治制度的具体制度还不完善，还需要进一步改革，只有这样，才能使社会主义基本政治制度的优越性体现出来，使人民当家作主的权利得到保障，使经济建设不断取得进步。

经济体制，从广义上讲，可以指整个社会生产运行过程中制度的总称。这种情形下，基本经济制度是经济体制的基础，构成经济体制最基本的因素。从狭义上讲，经济体制一般指的是经济具体的运行方式或者说是资源配置方式，在这种意义上，经济体制属于经济制度的一个层次，而基本经济制度是和经济体制相并行的另一个层次，居于经济制度的基础。社会主义市场经济体制是我国经济发展和社会进步的重要保障。目前，我国正处于全面深化改革的重要时期，虽然已经建立起了市场经济体制，但离成熟的社会主义市场经济体制还有很长的路要走。如何进一步完善市场经济体制是我们面临的重要课题。党的十八届三中全会提出："经济体制改革是全面深化改革的重点，核心问题是处理好政府和市场的关系，使市场在资源配置中起决定性作用和更好发挥政府作用。"[①]这一新的论述重新界定了政府与市场的关系，是一次理论上的重大创新，给我国深化经济体制改革指明了方向，将会促进社会主义市场经济体制更加完善，对我国的改革开放有着重要的指导意义。

文化体制是适应一定社会政治经济发展要求，能够推动文化发展繁荣、促进文化产业发展壮大的具体制度和机制的总和。文化体制服务于国家根本、

---

① 《十八大以来重要文献选编》上，中央文献出版社2014年版，第513页。

基本政治经济制度，并对社会文化起引导、管理、规范、培育等作用，是社会与国家、公民与政府之间的文化状态、文化利益分配和文化权利关系的体现。文化体制在中国特色社会主义制度体系中具有维护制度的实践运行，为制度体系凝聚价值共识，从根本上指引社会主义发展方向的功能。文化体制改革就是要破除阻碍文化产品创造的体制和机制，激发人民的文化创造力，创造出更多的人民喜闻乐见的文化产品。进一步深化文化体制改革，必须把社会效益放在首位，实现社会效益和经济效益相统一，以激发全民族文化创造活力。

社会体制就是对公共事务和公共服务进行规范和管理的一系列制度和规范的总称。社会体制规范的领域介于经济和政治之间，又同经济和政治紧密相关，主要涉及教育、就业、收入分配、社会保障、医疗卫生和社会管理等领域。也可以把社会体制简单地分为公共服务体制、社会管理体制和现代社会组织体制等。

社会体制改革是指通过对社会各个子系统进行结构性和功能性调整，使之在结构上保持一种合理化状态，在运行过程中保持一种有序化状态的改革。[①]当前，我国处于全面深化改革的新时期，各种深层次的社会矛盾日益凸显，社会体制改革的任务日渐繁重。要加快推进社会体制改革，不断提高人民的物质文化生活水平，要多谋民生之利，多解民生之忧，解决好人民最关心最直接最现实的利益问题，在幼有所育、学有所教、劳有所得、病有所医、老有所养、住有所居、弱有所扶上持续取得新进展，努力让人民过上更好生活。

生态文明体制是制度体系中的重要一环。党的十八届三中全会强调了制度建设在生态文明建设中的重要地位，并对生态文明体制进行了系统阐述。[②]生态文明体制已经同政治体制、经济体制、文化体制、社会体制一起构成了中国特色社会主义具体制度体系，在社会主义现代化的建设中发挥越来越重要的作用。当前，我国的生态文明体制经过多年的建设已初具雏形，但也存在着体系不完整、体制建设相对滞后、不能适应经济社会发展要求的不利因素，所以，要继续完善生态文明体制，建设严格的源头保护制度体系，建设

---

① 陈成文：《加快推进以改善民生为重点的社会建设》，《光明日报》2009年6月16日，第7版。

②《十八大以来重要文献选编》上，中央文献出版社2014年版，第541页。

严格的过程管理制度体系，建设生态环境损害责任终身追究制度和损害赔偿制度，加快生态文明体制建设的步伐，唯有如此才能有效改善生态环境。

三、中国特色社会主义法治道路的理论支撑

中国特色社会主义法治理论，本质上是中国特色社会主义理论体系在法治问题上的理论成果，[①]是对中国特色社会主义法治实践的经验总结和理论概括。这一理论囊括了中国共产党几代领导人对社会主义现代化建设过程中法治建设的思考。习近平总书记有关新时代中国特色社会主义法治思想的重要论述，是中国特色社会主义法治理论的重要组成部分。中国特色社会主义法治理论给中国特色社会主义法治道路提供了理论支撑，是我们进行法治实践、开辟法治道路的理论遵循。另一方面，我们不断深化的法治建设的过程也为中国特色社会主义法治理论的不断发展提供了实践基础。

（一）中国特色社会主义法治理论的形成过程和理论来源

中国特色社会主义法治理论深刻回答了社会主义法治的理论依据、本质特征、价值功能、内在要求、基本原则、发展方向等重大问题，系统阐述了什么是社会主义法治，如何依法治国、建设社会主义法治国家和中国特色社会主义法治体系，如何推进法治中国建设，如何在法治轨道上推进国家治理体系和治理能力现代化等一系列重大问题，对于构建中国特色社会主义法学理论体系、全面推进依法治国、推进法治中国建设，具有重大的理论和现实意义。[②]理论是对实践的升华，中国特色社会主义法治理论是对我国社会主义法治建设的经验总结和理论概括，是对法治体系的总体概括，是对依法治国理念的深入阐释，是对法治过程的具体规定，是对法治规律特别是中国特色社会主义法治规律的科学总结。这一理论是党领导人民进行法治建设的根本指导思想，是中国特色社会主义法治道路的理论支撑。

---

① 《习近平谈治国理政》第二卷，外文出版社2017年版，第128页。
② 李林：《开启新时代中国特色社会主义法治新征程》,《环球法律评论》2017年第6期，第22页。

中国特色社会主义法治理论博大精深,具有丰富的内容,继承了我们在革命战争年代形成的理论成果,是我们在进行社会主义现代化建设的过程中形成的法治经验的总结。中国特色社会主义法治理论的形成正是在探索社会主义法治道路的过程当中形成的,是对改革开放以来我国社会主义法治建设经验的系统总结与概括,并在此基础上进行理论阐释和理论创新,反映了社会主义法治建设的一般规律,具有明显的中国特色。

中国特色社会主义法治理论必须反映中国特色社会主义法治建设的实践,体现人民的意志。这一理论是中国共产党在领导中国人民建设中国特色社会主义的过程中,以马克思主义法学理论为指导,总结我国建设社会主义法治国家正反两方面的经验教训形成的理论成果。中国特色社会主义法治理论的形成,表明我国社会主义法治建设已经取得了初步成果,但这一理论必须随着实践的发展而不断发展。新中国成立之初,对于法治建设的开展,党极为重视,首先是废除了国民党政权的旧法统,同时在继承新民主主义革命时期根据地法制建设成功经验的继承上,探索建立新的社会主义法治理论。但是随后由于党在指导思想上犯了"左"倾错误,党的法制建设的进程遭到中断,法治理论的发展一度停滞。邓小平同志认为,在中国这样的经济文化落后的发展中国家搞法制建设,必须从中国的国情出发,立足于自己的实际情况,吸收借鉴外来的法律发展经验,才能推动中国社会主义法治建设的发展。"文化大革命"之后,邓小平同志根据当时的时代发展要求,对于"文化大革命"所犯的错误进行深刻总结,提出了"民主法制化、法制民主化"的理论,解决了人治和法治的争论,为当时的改革开放奠定了理论基石。在这一时期,党提出了要"健全社会主义民主、加强社会主义法制","有法可依、有法必依、执法必严、违法必究"的法制工作方针,制定通过了一批新的法律法规,并于1982年颁布施行了新宪法,社会主义法治的进程开始加快,有中国特色的社会主义法治理论开始逐步形成。

党的十三届四中全会之后,以江泽民同志为主要代表的中国共产党人,继续总结党的法治建设经验,依据当时的国际国内形势,提出了一系列新的理论观点,对中国特色社会主义法治理论进行了新的发展。江泽民同志高度重视依法治国的重要性,认为依法治国是党领导人民治理国家的基本方略,是发展社会主义市场经济的客观需要,是社会文明进步的重要标志,是国家长治久安的重要保障。1997年，江泽民同志提出的"依法治国、建设社会主义法治国家"在党的十五大上得到了正式确认。①1999年通过的宪法修正案正式规定了"国家实行依法治国、建设社会主义法治国家"。不仅如此，江泽民同志还提出了依法治国与以德治国辩证统一的法治思想，认为两者之间相辅相成，这对于社会主义法治建设的发展都具有重要意义。②对于依法治国与党的领导的关系，江泽民同志认为，中国共产党是执政党，要把党的领导同严格依法办事有机结合起来，改进党的领导方式和执政方式。③依法治国与党的根本利益是一致的，是实现党的领导制度化的基本方式之一。

胡锦涛同志在党的十六届三中全会上提出了以人为本的科学发展观④，这是马克思主义中国化的又一重要理论成果，对中国特色社会主义法治理论的发展有重要的意义。科学发展观强调"坚持以人为本，树立全面、协调、可持续的发展观，促进经济社会和人的全面发展"⑤。科学发展观强调以人为本，强调要把实现好、维护好、发展好最广大人民的根本利益作为推进改革开放和现代化建设的出发点和落脚点。这些论点使我们更加深刻地理解了拓展中国特色社会主义法治道路的必要性，对中国特色社会主义法治理论的发展奠定了理论基础。人民的权益只有通过法律才能得到最终维护，最广大人民群众是法律的权利主体，只有不断丰富中国特色社会主义法学理论，走中国特色社会主义法治道路，才能真正实现以人为本的科学发展观，才能使人民群众的利益得到切实保障。胡锦涛同志提出的"依法执政、依宪执政"解决了当时如何把党的领导纳入到法治化轨道的问题。胡锦涛同志强调指出，必须坚持依法治国和依法执政，大力加强社会主义民主法治建设，使党和国家的各项工作、社会生活的方方面面都走上制度化、法律化的轨道。⑥依法执政对于党如何进行执政提出了根本要求，加强党的执政能力建设，必须把党的领导置于法治的轨道上来，这样才能体现党与时俱进的理念，体现出党的先进

---

①《十五大以来重要文献选编》上，中央文献出版社2011年版，第26页。
②《江泽民文选》第三卷，人民出版社2006年版，第200页。
③《江泽民文选》第三卷，人民出版社2006年版，第555页。
④《十六大以来重要文献选编》上，中央文献出版社2011年版，第483页。
⑤《十六大以来重要文献选编》上，中央文献出版社2011年版，第755页。
⑥《十六大以来重要文献选编》中，中央文献出版社2011年版，第225页。

性。在依法执政的基础上，胡锦涛同志提出依宪执政的课题，认为"党的各级组织和全体党员都要模范地遵守宪法，严格按照宪法办事，自觉地在宪法和法律范围内活动。"①宪法是国家的根本大法，所以依法执政首先就必须依宪执政，为此必须健全宪法监督机制，明确宪法监督程序，使党的执政活动有法可依、违法必究。

党的十八大提出了"法治是治国理政的基本方式"②这一新的论断，法治的重要性得到进一步加强。不仅如此，党的十八大还提出要实现国家治理能力和治理体系的现代化。而法治对于国家治理现代化的实现有重要意义。要构建一个以法治为主导的国家治理体系，把国家治理纳入法治化轨道当中，实现国家治理的现代化。之后，党的十八届三中全会通过的《中共中央关于全面深化改革若干重大问题的决定》指出要"推进法治中国建设"③，要加强和改进立法、执法和司法工作，推进法治国家、法治政府、法治社会的一体化建设，表达了中国特色社会主义法治发展的整体性，进一步丰富了中国特色社会主义法治理论。2014年党的十八届四中全会通过的《中共中央关于全面推进依法治国若干重大问题的决定》，对全面推进依法治国的指导思想、总目标、基本原则等作出了全面的部署，提出了关于依法治国的一系列新观点和新举措，回答了党的领导和依法治国的关系等一系列重大理论和实践问题。党的每一次法治决策的出台都是对我国法治建设实践的科学总结，都是法治理论的进一步发展，也对进一步推进法治实践有重要的指引作用。

中国特色社会主义法治理论是对我国新民主主义法治建设和社会主义法治建设经验的总结，是马克思主义法学思想和社会主义法治建设实践相结合的产物。这一理论继承和发展了马克思主义法学思想，继承了毛泽东、周恩来等老一辈无产阶级革命家在新民主主义革命时期和社会主义建设时期提出的法学思想，如法治是人类文明的基本标志的观点，有法可依、有法必依的法治原则，以事实为依据、以法律为准绳的诉讼原则等。毛泽东同志在刑事策略思想方面主张镇压和宽大相结合、惩罚与教育相结合，这是对马克思主义

---

① 《十六大以来重要文献选编》上，中央文献出版社2011年版，第74页。
② 《十八大以来重要文献选编》上，中央文献出版社2014年版，第21页。
③ 《十八大以来重要文献选编》上，中央文献出版社2014年版，第529页。

刑事法治学说的重要发展，从而成为社会主义刑事法治建设的重要指导思想。[①]这一法治理论还是对中华优秀传统法律文化的继承，我国优秀传统法律文化绚丽多姿，至今仍具有重要的理论价值，是中国特色社会主义法治理论的重要来源。早在战国时期，李悝所著的《法经》就已经是一部成文法典，《唐律疏议》更以完备的体系和严谨的内容成为封建法典的典范。我国封建时期法学思想的发展，最终形成了世界五大法系之一的中华法系。中华法律文化中的一些思想在当今仍然具有重要的价值，可以为我们所用，如主张"奉法者强则国强，奉法者弱则国弱"，认为执法者要有"天下为公"的精神，"立善法于天下，则天下治；立善法于一国，则一国治"，强调善法的重要性，强调"明德慎刑"的德治与法治相结合的思想等。中国特色社会主义法治理论不仅是对中国传统法治文化进行分析辨别的基础上的继承，同时也借鉴了西方法治思想中的有益成果。西方法治思想的土壤是西方资本主义国家法治建设，主要体现西方资产阶级的观点，维护西方资产阶级的利益，同我国的法治理论有着本质区别，但其中一些反映人类法治文明的一些思想可以为我们所用，如法治国家、法治政府、法律面前人人平等、罪刑法定、疑罪从无等法治观点。

(二)中国特色社会主义法治理论是中国特色社会主义法治道路的理论支撑

中国特色社会主义法治道路是在没有现成经验可以借鉴的条件下走出的一条全新的道路，需要我们独立自主地进行探索、实践和创新。在依法治国，走中国特色社会主义道路的过程中，如何确保法治道路的社会主义方向，保障法治的人民主体性质，是一个重要的问题。只有以正确的法治理论为指导，才能解决这一问题。完善以人民为主体的法治道路，全面实行依法治国，离不开中国特色社会主义法治理论的指导作用。理论是实践的指南，要充分发挥理论的指导作用。我们的理论是我们在实践中经过长期摸索甚至付出沉痛代价之后总结出来的，要用它来指导我们的法治道路的进程。只有在实践中

---

① 公丕祥：《中国特色社会主义法治理论的探索之路》，《社会科学战线》2015年第6期，第199页。

贯彻社会主义法治理论，才能使社会主义法治实践彰显法治精神。

在社会主义法治建设的过程中，会面临诸多问题，比如如何加强立法工作，司法过程如何保证公正，如何解决监督不力的问题，等等，这些问题的解决需要运用中国特色社会主义法治理论，运用其中的基本原理和基本观点。只有这样才能逐步把我国建设成为一个法治强国，并使人民的法治观念不断提升。中国特色社会主义法治理论的指导作用体现在三个方面：一是设定了我国全面推进依法治国的总目标。建设中国特色社会主义法治体系，建设社会主义法治国家，是我们法治建设的总目标。确立目标，法治道路的发展才会有明确的方向，全国人民才能在中国共产党的领导下万众一心地完成时代交给我们的使命。二是明确了实现总目标的基本原则。它包括坚持中国共产党的领导、坚持人民的主体地位、坚持法律面前人人平等，坚持依法治国和以德治国相结合，坚持从中国实际出发等。确立了基本原则，我们行动就有了指引和基本遵循，才不会发生方向性错误。三是这种指导作用贯穿于立法、执法、司法、守法的全过程。法治建设是一个系统工程，需要许多方面许多环节的共同完成，如果没有法治理论的指导，我们的法治建设就会成为无本之木无源之水，人民群众的利益也将很难得到保障。

所以，要不断深化对中国特色社会主义法治理论的研究，把我们在法治建设过程中的经验理论化、系统化，从而发挥其对中国特色社会主义法治道路的理论支撑作用。我们已经形成了比较严谨科学的中国特色社会主义法治理论，这一理论强调法律是治国之重器、良法是善治之前提；指出依法治国的重点在于保证法律严格实施；指出人民是社会主义法治实践的主体；强调法律面前人人平等；强调公正是法治的生命线；等等。中国特色社会主义法治理论体系包括的内容众多，目前学术界尚有不同的概括。我们从理论体系的众多内容中选取根本性的内容列举如下。

第一，社会主义民主制度化、法律化、程序化理论。这一理论首先是由邓小平同志提出来的。邓小平同志强调："为了保障人民民主，必须加强法制。必须使民主制度化、法律化，使这种制度和法律不因领导人的改变而改变，不因领导的看法和注意力的改变而改变。"①这是基于我国法治建设道路的曲

---

① 《邓小平文选》第二卷，人民出版社1994年版，第146页。

折历程提出来的。新中国成立后，虽然我们已经建立起一定的法律体系，但是民主政治的发展并不顺畅，出现了许多破坏民主的现象。所以，一定要从制度和法律入手来加强对人民民主的保障，使我们避免一些悲剧的发生。党的十六大继续提出要"实现社会主义民主政治的制度化、规范化和程序化"①，这一理论得到了进一步的强化和发展。之后的每次党的代表大会都进一步强调了要推进"社会主义民主政治制度化、规范化、程序化"，用以保障我们的民主建设进程沿着正确的轨道进行，使社会主义民主真正落到实处。

第二，依法治国和以德治国相结合的理论。1997年，党的十五大正式提出依法治国是党领导人民治理国家的基本方略，并指出：依法治国，就是广大人民群众在党的领导下，依照宪法和法律规定，通过各种途径和形式管理国家事务，管理经济文化事业，管理社会事务，保证国家各项工作都依法进行。②提出依法治国的概念，并把其作为治理国家的基本方略，是党在对法治理论和实践进行深入分析的基础上提出来的，是国家长治久安的重要保障，也是社会主义政治文明发展的重要标志。此后，依法治国理论不断创新发展。党的十六大报告进一步阐述了依法治国和以德治国的关系，指出依法治国和以德治国是相互统一的关系，可以相互补充、相互促进，两者都是治理国家的基本方略。加强依法治国并不是不需要以德治国，相反也是如此。③习近平总书记指出："治理国家、治理社会必须一手抓法治、一手抓德治，既重视发挥法律的规范作用，又重视发挥道德的教化作用，实现法律和道德相辅相成、法治和德治相得益彰。"④德治能够借助道德的力量影响人们的心理、习惯、行为方式等，是一种有效的社会治理方式，特别是我国有着悠久的德治传统，完全可以跟法治相互依存、相得益彰。

第三，党的领导、人民当家作主、依法治国有机统一的理论。这是社会主义政治文明的最本质特征，是法治建设的基本指导原则，也是中国特色社会主义法治理论的重要内容。在这三者当中，党的领导是核心，是人民当家作主和依法治国的根本政治保证，人民当家作主，是社会主义民主政治的本

---

①《十六大以来重要文献选编》上，中央文献出版社2011年版，第24～25页。
②《十五大以来重要文献选编》上，中央文献出版社2011年版，第26页。
③《十六大以来重要文献选编》上，中央文献出版社2011年版，第30页。
④《习近平谈治国理政》第二卷，外文出版社2017年版，第116页。

质要求和基本目标，依法治国是党领导人民治理国家的基本方略。[①]三者具有内在统一性，是一个有机统一体。这是因为中国共产党作为执政党是通过一定的法律和制度来保证人民当家作主的，行使国家权力，要使党的政策和法律体系体现人民的共同意志，反映人民的根本利益。习近平总书记在全国人民代表大会成立60周年大会上强调指出，在中国发展社会主义民主政治，关键是要坚持党的领导、人民当家作主、依法治国有机统一。[②]人民代表大会制度是坚持党的领导、人民当家作主、依法治国有机统一的根本制度安排。三者的有机统一理论是中国特色社会主义法治理论的根本特征。

第四，依法治国、依法执政、依法行政共同推进的理论。三者共同推进的理论是习近平总书记在2012年12月在首都各界纪念现行宪法公布施行30周年大会上的讲话中提出来的。[③]依法治国是党领导人民治理国家的基本方略，是指国家事务和社会事务的治理必须依从法治的轨道进行。依法执政则是指党要在宪法和法律范围内活动，实现国家治理能力和治理体系的现代化，是对党与法的关系进行的阐述。党是国家法治建设的领导者，党的领导同党员在法律法规的限度内活动并不矛盾，党员必须遵守法律法规，在法律面前没有任何特权。依法行政是指政府权力必须在法律的范围内行使，政府的行为必须受到法律的规范。这是政府行使职能的根本原则。我们不仅提出了依法执政的课题，把依法执政确立为党执政的基本方式，而且在此基础上提出了依宪执政的课题，对党的执政方式进一步细化。习近平总书记在新的历史阶段对依宪治国的重要性进行了深入阐述，指出："依法治国，首先是依宪治国；依法执政，关键是依宪执政。新形势下，我们党要履行好执政兴国的重大职责，必须依据党章从严治党、依据宪法治国理政。"[④]

第五，法治国家、法治政府、法治社会一体建设理论。建设法治中国是一项重要的任务，我们不仅要建设富强民主文明和谐美丽的中国，也要建设法治的中国。法治中国要和法治政府、法治社会的建设统一起来，不仅要建设法治国家，而且要建设法治政府和法治社会，把法治精神深入到全社会，

---

① 《十六大以来重要文献选编》上，中央文献出版社，2011年版，第24页。
② 《十八大以来重要文献选编》中，中央文献出版社，2016年版，第54页。
③ 《十八大以来重要文献选编》上，中央文献出版社，2014年版，第92页。
④ 《习近平谈治国理政》，外文出版社2014年版，第141～142页。

把法治理念深入到每个公民心中。我国是一个有着长久封建主义专制传统的国家，要彻底实现"法治型"发展模式，就必须从国家、政府、社会三个层面入手，实现全方位的法治建设。法治国家是指把法治作为国家治理的根本方式，法律是国家建立和运行的根本依据。法治政府是法治国家的延伸，是指政府的权力来自于法律的授权，政府的运行必须遵照法律规定的程序进行。宪法和法律是政府行为的根本依据，必须加快行政管理体制改革，转变政府职能，规范政府行为。法治社会是法治国家和法治政府的基础。法治社会是指整个社会的有效运行都建立在法治的基础上，社会的公共管理活动、社会组织的有序发展、基层社会自治等社会活动必须纳入到规范有序的法治化轨道当中。不仅党员干部要带头遵守法律，社会中的每个人都要顺从法治理念，全社会要形成尊重法治、信仰法治的社会氛围，大力弘扬现代法治精神。

第六，司法体制改革理论。司法是法治建设过程中的重要环节，是公正的最后的保障。如何保障司法公正历来是每个现代国家要考虑的首要问题。改革开放之后，为了保障社会公正，维护社会正义，司法体制改革成为法治建设的重点，形成了丰富的司法体制改革理论。我们党提出司法体制改革的最终目的是建立公正高效权威的社会主义司法制度，提高司法的公信力，使所有人民群众都可以在司法实践中感受正义的力量。我国的司法体制改革要从我国国情出发，坚持人民的主体地位，统筹推进，最终使法治的建设不断完善成熟。

第七，中国特色社会主义法治体系理论。建设中国特色社会主义法治体系，建设社会主义法治国家是党的十八届四中全会提出的全面推进依法治国的总目标。[1]中国特色社会主义法治体系是适应我国法治建设需要提出来的一个新的概念，是党在法治理论上的一个重要创新。贯彻依法治国理念，进行法治建设是一个系统工程，需要完备的法律规范体系、高效的法治实施体系、严密的法治监督体系、有力的法治保障体系和完善的党内法规体系。[2]需要涉及立法、执法、司法、守法等各个环节，需要依法治国、依法执政、依法行政共同推进，这样我国的法治建设才能取得不断进步。所以，党提出了中国特色社会主义法治体系的概念，体现了党对法治建设规律认识的深入，是法

①《十八大以来重要文献选编》中，中央文献出版社2016年版，第157页。
②《十八大以来重要文献选编》中，中央文献出版社2016年版，第157页。

治理论发展的重要成果。

（三）坚持和发展中国特色社会主义法治理论

中国特色社会主义法治理论是中国特色社会主义理论体系的重要组成部分，是这一理论体系中关于法治建设的理论成果。如何坚持和发展中国特色社会主义理论是一项重大的课题。党的十八届四中全会提出："必须从我国基本国情出发，同改革开放不断深化相适应，总结和运用党领导人民实行法治的成功经验，围绕社会主义法治建设重大理论和实践问题，推进法治理论创新，发展符合中国实际、具有中国特色、体现社会发展规律的社会主义法治理论，为依法治国提供理论指导和学理支撑。"[①]坚持中国特色社会主义法治理论，才能使我们在走中国特色社会主义法治道路的过程中，克服各种错误思想的干扰。我们的法治建设的道路并不是一帆风顺的，有各种错误的思想来扰乱人民的判断。比如"司法独立""军队国家化""西方宪政思想"等，这些错误思想如果不加以抵制和批评，必然会干扰我们的中国特色社会主义法治道路的发展。所以，我们一定要用中国特色社会主义法治理论去明辨是非、统一思想，特别是在法学的教育和研究中要坚持以中国特色社会主义法治理论为指导。

坚持和发展中国特色社会主义法治理论首先要从我国的基本国情出发。任何一种法治理论都建立在一定的社会基础之上。中国特色社会主义法治理论必须把马克思主义基本法学原理和中国的国情相结合，既要坚持社会主义的基本原则，还要体现中国法治特征和法治精神。要把现代的法治理念和中华悠久的法治文明相结合，形成具有中国特色的中国法治话语体系，自觉抵制西方资本主义法治思想的影响。其次，要从人民主体的法治理念出发，坚持人民主体在法治理论中的地位和作用，把人民主体的法治理念贯穿于中国特色社会主义法治理论当中。再次，要同我国改革开放和进行社会主义现代化的具体过程相结合，发现并体现其中的社会发展规律。如全面深化改革的实践、政治体制改革的实践、生态文明建设的实践等，在寻求这些实践的规律的基础上，建立起相应的法治体系。最后，要发挥理论的先导作用，从我

---

① 《十八大以来重要文献选编》中，中央文献出版社2016年版，第159页。

国国情出发、适应社会发展规律的同时，我们的法治理论的建设要具有超前意识，发挥法治理论对法治实践的指导作用。我们要积极吸收和借鉴中华传统法律文化和西方法治文化的精华，不妄自菲薄但也不能妄自尊大，对待先进的符合法治发展规律的有益法治文明要大胆吸收和借鉴，使我们的理论更加科学、更加令人信服。

坚持中国特色社会主义法治理论，需要我们不断进行法治理论的创新，推动中国特色社会主义法治理论不断发展。中国特色社会主义法治建设需要源头活水，需要法治理论的不断创新发展。中国特色社会主义法治理论从未停止过理论创新。邓小平同志、江泽民同志、胡锦涛同志、习近平同志都从各自所处的时代条件下出发结合当时法治发展的现状进行了大胆的理论创新，这才推动了法治建设的不断发展，也才使以人民为主体的法治道路不断前进。从法制到法治的嬗变，从依法执政到依宪执政，从"党必须在宪法和法律的范围内活动"到"党的领导和社会主义法治是一致的"，这些理论的不断发展创新体现出中国特色社会主义法治理论与时俱进、不断创新的理论品格。只有法学理论的创新才能推动法治实践的创新。如今，我们的法治理论不断发展成熟，中国特色社会主义法治道路也越走越稳，中国特色社会主义法治建设必将取得更大的成就。总之，我们要在积极借鉴人类法治文明最新成果的基础上，以人民主体思想为指导，不断将在法治建设道路上积累的经验加以总结，推动中国特色社会主义法治理论的创新发展。

中国特色社会主义法治理论已然形成，但是我们要清醒地认识到我国的社会主义法治建设还有很长的路要走，我国的法治理论还存在许多不尽人意的地方，如我们对依法治国、依法执政等客观规律的认识还不够深入，对法治建设过程中的经验教训的总结不够深入，对人类法治文明的优秀成果的吸收和借鉴还不够充分，对社会中存在的错误的法治思潮认识不深、批判不力。因此，我国必须坚持中国特色社会主义法治道路，从党和国家利益的高度出发，继续推进中国特色社会主义法治理论的完善。

第三章 体现人民意志的法治格局

法治是社会治理的基本方式,法律是规范公民行为、判断是非对错、解决利益争端的基本准则,是党执政治国的基本遵循。管子曰:"凡法事者,操持不可以不正。操持不正,则听治不公。听治不公,则治不尽理,事不尽应。治不尽理,则疏远微贱者无所告诉。事不尽应,则功利不尽举。功利不尽举,则国贫。疏远微贱者无所告诉,则下饶。"①贯彻党的群众路线,进一步密切党和人民群众的血肉联系,切实将人民满意不满意、人民高兴不高兴、人民拥护不拥护、人民答应不答应作为一切工作的出发点和落脚点,应当着力构建体现人民意志的法治格局。科学立法,确保法律反映人民意愿;严格执法,规范权力服务人民;公正司法,确保人民感到公平正义;全民守法,引导人民理性表达诉求。从而使国家法律成为党的主张和人民意志的有机统一,使立法、执法、司法、守法等法治工作环节构成贯彻人民意志、维护人民利益、彰显人民地位的法治格局。党通过这一工作格局不断健全和完善中国特色社会主义法治体系,落实全面依法治国方略,就能更好地做到权为民所用、情为民所系、利为民所谋,更加紧密地同人民群众联系在一起。

一、科学立法,确保法律反映人民意愿

"法律是治国之重器,良法是善治之前提。建设中国特色社会主义法治体系,必须坚持立法先行,发挥立法的引领和推动作用,抓住提高立法质量这个关键。"②构建体现人民意愿的法治格局,首先要推进科学立法、民主立法,

---

① 黎翔凤:《管子校注》,中华书局2004年版,第1196页。

② 《中共中央关于全面推进依法治国若干重大问题的决定》,《人民日报》2014年10月29日,第1版。

不断提高立法质量和水平，确保法律法规符合人民利益、体现人民意愿，为严格执法、公正司法、全民守法提供良好的法规制度前提。

（一）坚持党的领导，提供立法反映人民意愿的根本保证

中国特色社会主义最本质的特征是中国共产党领导，中国特色社会主义制度的最大优势是中国共产党领导，党是最高政治力量，建设中国特色社会主义民主政治必须坚持党的领导、人民当家作主和依法治国的有机统一，党的领导既是全面依法治国的根本保障，又是坚持科学立法、确保立法体现人民意愿的根本保障。中国共产党是中国工人阶级的先锋队，同时是中国人民和中华民族的先锋队，党自成立之日起就始终坚持全心全意为人民服务的根本宗旨，自觉承担起时代和历史赋予的使命任务，为中国人民谋幸福，为中华民族谋复兴。立法作为法治建设的基础工程和初始环节，为社会资源分配和社会关系调整奠定了基本准则，立法是否具有正确的价值追求和合理的政策取向关系着人民利益能否得到有效维护，社会生活能否得到合理规范。"党代表最广大人民的根本利益，党制定的大政方针，提出的立法建议，凝聚了全党全国的集体智慧，体现了最广大人民的共同意愿。坚持党的领导同服从人民利益是完全一致的。"[1]只有不断坚持和加强党对立法工作的领导，将党的政策和主张通过法定程序上升为国家意志，确保国家立法体现党的主张，反映党的政策，维护党的领导，才能从根本上确保立法活动反映人民意愿以及法律法规体现人民意志。

依法执政是党执政的基本方式，党的领导必须在宪法法律范围内实行，党的政策主张只有通过宪法法律允许的方式才能得到实行，通过领导立法推进党的政策实施是实现党的领导的重要途径。为确保党的领导通过立法得到贯彻落实，"立法工作必须坚持党的领导，服从并服务于党和国家工作的大局，自觉地使党的主张通过法定程序成为国家意志，成为全社会一起遵循的行为规范和准则，从制度上和法律上保证党的路线方针政策的贯彻实施，保证改革开放和现代化建设的顺利进行"[2]。一切立法工作的开展都应当自觉接受党

---

[1]《十七大以来重要文献选编》下，中央文献出版社2013年版，第123页。

[2] 吴邦国：《加强立法工作，提高立法质量，为形成中国特色社会主义法律体系而奋斗》，《人民日报》2004年2月1日，第2版。

的领导，确保法律法规体现党的领导、维护党的领导、巩固党的领导、落实党的领导，使法律法规成为贯彻党的领导的基本社会规范。

加强和改进党对立法的领导，确保立法体现党的主张和人民意志，一方面要求"紧紧围绕党和国家中心任务统筹谋划立法工作，科学制定立法规划和立法计划，积极推进重点立法项目，保证党和国家重大决策部署的贯彻落实……对党中央提出的立法建议，及时启动立法程序，坚决贯彻中央意图，圆满完成中央交办的政治任务"①。从而在立法项目选择和立法工作着力点上与党的政策保持一致，使党对立法工作的领导在具体工作层面得到贯彻落实。另一方面还要求不断健全和完善党领导立法工作的体制机制。改革开放以来，党中央多次就加强和改善立法工作制定并下发相关文件。1979年8月，中共中央办公厅印发《彭真同志关于制定和修订法律、法规审批程序的请示报告》，1991年2月，中共中央印发《关于加强对国家立法工作领导的若干意见》，2016年2月，中共中央印发《关于加强党领导立法工作的意见》，这些文件明确了党领导立法的准则、规则和程序，为落实党对立法工作的领导，规范立法工作的有效开展，确保立法切实体现党的主张提供了详细具体的制度保障。当前，进一步加强和完善党对立法工作的领导，需要在贯彻落实《关于加强党领导立法工作的意见》过程中，进一步"完善党对立法工作中重大问题决策的程序。凡立法涉及重大体制和重大政策调整的，必须报党中央讨论决定。党中央向全国人大提出宪法修改建议，依照宪法规定的程序进行宪法修改。法律制定和修改的重大问题由全国人大常委会党组向党中央报告"②。充分发挥党组在人大立法工作中的领导核心作用，广泛发挥党员代表的先锋作用，严格落实报告制度，确保党的领导通过党内外各种体制机制落到实处。

（二）校正价值观念，落实立法反映人民意愿的内在要求

依法治国与以德治国相辅相成、相互促进，都是党领导人民治理国家的基本方式和途径。"把道德要求贯彻到法治建设中，以法治承载道德理念，道德才有可靠制度支撑，法律法规要树立鲜明道德导向，立法、执法、司法都

①《十七大以来重要文献选编》下，中央文献出版社2013年版，第124页。
②《中共中央关于全面推进依法治国若干重大问题的决定》，《人民日报》2014年10月29日，第1版。

要体现社会主义道德要求，都要把社会主义核心价值观贯穿其中，使社会主义法治成为良法善治。"①不断推进科学立法，确保立法反映人民的意愿和要求，应当积极以正确的价值观念和道德准则引领立法，使法律法规体现出正确的社会价值追求和高尚的道德理念，从而"恪守以民为本、立法为民理念，贯彻社会主义核心价值观，使每一项立法都符合宪法精神、反映人民意志、得到人民拥护"②。

　　法律作为社会最基础的行为规范对社会生活的运行有着重大影响，但法律效力的实现并非孤立的、无条件的，它需要方方面面社会条件的相互配合和支持，其中道德的作用不可忽视。"发挥好法律的规范作用，必须以法治体现道德理念、强化法律对道德建设的促进作用。一方面，道德是法律的基础，只有那些合乎道德、具有深厚道德基础的法律才能为更多人所自觉遵行。另一方面，法律是道德的保障，可以通过强制性规范人们行为、惩罚违法行为来引领道德风尚。要注意把一些基本道德规范转化为法律规范，使法律法规更多体现道德理念和人文关怀。"③充分发挥法律规范作用，要求立法工作必须广泛考察并贴合社会的道德观念，使法律法规不仅成为外在的行为规范，还能够符合人们内心的价值追求，真正做到内化于心、外化于行，从而使法律具有广泛的社会基础和有力的价值支撑，得到人们的普遍认可和普遍遵守。"再多再好的法律，必须转化为人们内心自觉才能真正为人们所遵行。'不知耻者，无所不为。'没有道德滋养，法治文化就缺乏源头活水，法律实施就缺乏坚实社会基础。"④将社会主义核心价值观念融入法律法规，将基本的道德规范通过法定程序和立法规范转化为通过国家强制力加以保障的法律制度，能够有效推动道德规范的实施和转化，从而为法律法规本身的运行提供良好的社会环境和舆论氛围。

　　具体而言，校正立法过程中的价值观念，将社会主义核心价值观融入立

---

①《中宣部负责人就〈关于进一步把社会主义核心价值观融入法治建设的指导意见〉答记者问》，《人民日报》2016年12月26日，第5版。

②《中共中央关于全面推进依法治国若干重大问题的决定》，《人民日报》2014年10月29日，第1版。

③ 习近平：《加快建设社会主义法治国家》，《求是》2015年第1期。

④《十八大以来重要文献选编》中，中央文献出版社2016年版，第186页。

法工作，应当"深入分析社会主义核心价值观建设的立法需求，把法律的规范性和引领性结合起来，坚持立改废释并举，积极推进相关领域立法，使法律法规更好体现国家的价值目标、社会的价值取向、公民的价值准则。加快完善体现权利公平、机会公平、规则公平的法律制度，依法保障公民权利，维护公平正义"①。这不仅要求进一步健全和完善禁止性规范，通过法律规范禁止和避免违背社会主义核心价值观的社会行为的发生，并给予相应行为以必要处分，充分发挥法律的规范效力。还要求不断加强并充分发挥法律的引领作用，通过引导性规范使社会主义核心价值观念渗透到法律法规的字里行间，使法律不仅成为国家意志的体现，还能成为道德观念的示范，在通过国家强制力规范社会生活之外还能发挥价值引导作用，使社会主义核心价值观通过具体的法规规范得到充分表达，在潜移默化中深入人心。

（三）完善立法体制，健全立法反映人民意愿的实现途径

制度具有根本性、全局性、长远性意义，对立法能否反映人民意愿发挥着决定作用，党的领导和正确价值观念引领作用的发挥都依赖于健全完善的立法体制的贯彻落实。进一步健全和完善立法对人民意愿的反映机制，"要完善立法规划，突出立法重点，坚持立改废并举，提高立法科学化、民主化水平，提高法律的针对性、及时性、系统性"②，使人民意愿具有转化为国家法律的可靠途径和有效方法，为法律法规更好维护人民利益提供可靠保证。

进一步完善立法体制，首先要更好发挥人民代表大会在立法工作中的主要作用。全国人民代表大会及地方各级人民代表大会是我国国家权力机关，由人民选举，对人民负责，为人民服务，在党的领导下依照宪法法律行使立法权、决定权、任免权，在我国立法体制中居于中心地位。充分发挥人民代表大会在立法过程中的主导作用，是确保人民意愿在立法过程中得到确实反映的首要途径和主要方式，只有确保人民代表的作用充分发挥，提升人大及其常委会在立法过程中传达并落实人民意愿的能力和水平，才能为人民意愿进入法律法规，转化成严谨可行的法律规范提供基本保障。进一步完善立法

---

①《中办国办印发〈关于进一步把社会主义核心价值观融入法治建设的指导意见〉》，《人民日报》2016年12月26日，第1版。

②《习近平谈治国理政》，外文出版社2014年版，第144页。

体制，确保人民意愿在立法过程中得到真正体现，首先要继续巩固和加强人民代表大会在国家立法中的中心地位，不断"健全有立法权的人大主导立法工作的体制机制，发挥人大及其常委会在立法工作中的主导作用；建立由全国人大相关专门委员会、全国人大常委会法制工作委员会组织有关部门参与起草综合性、全局性、基础性等重要法律草案制度；增加有法治实践经验的专职常委比例；依法建立健全专门委员会、工作委员会立法专家顾问制度"①。通过健全人大主导立法的体制机制，调整有立法权的人民代表大会的相关工作部门的组织设置并充实其人员配备，提升立法专家的参与水平，使人大在立法过程中所发挥的作用更加突出，人大在反映人民意愿方面的工作更加有效，从而确保国家法律顺应民心、体现民意。

完善立法体制，健全立法反映人民意愿的实现途径还要着力推进立法民主化，坚持从群众中来到群众中去的群众路线，广泛听取各方意见，不断扩大人民群众参与立法的途径和渠道。"民主立法的核心在于为了人民，依靠人民。"②必须始终坚持立法为民、立法惠民的立法理念，充分调动人民群众参与立法的积极性、主动性、创造性，倾听群众声音，吸收群众意见，学习群众经验，通过各种途径和方式使人民群众的现实要求和立法愿望体现在立法过程中，使法律法规真正体现人民心声。"要完善立法工作机制和程序，扩大公众有序参与，充分听取各方面意见，使法律准确反映经济社会发展要求，更好协调利益关系，发挥立法的引领和推动作用。"③这既要求发挥人大的主导作用，切实保障权力机关在立法过程中的法定权力，同时又要注意通过各种途径扩大群众直接参与立法的途径和渠道，进一步发挥直接民主在立法过程中的积极作用，使得立法能够更加直接、更加广泛地吸取各个方面的好建议、好对策，使法律更加符合经济社会发展实际和人民的切实需要。立法工作实际上是对社会矛盾利益关系的统筹协调，只有在广泛开展调查研究的基础上认真听取群众意见，切实了解社会矛盾利益关系的现实状况和影响因素，

---

① 习近平：《关于〈中共中央关于全面推进依法治国若干重大问题的决定〉的说明》，《人民日报》2014年10月29日，第2版。

② 习近平：《关于〈中共中央关于全面推进依法治国若干重大问题的决定〉的说明》，《人民日报》2014年10月29日，第2版。

③《习近平谈治国理政》，外文出版社2014年版，第144页。

理清关系群众切实利益的关键因素，才能在此基础上制定出符合群众利益、体现人民意愿的高质量法律法规。

完善立法体制，健全立法反映人民意愿的实现途径还必须着力推进立法的科学化。"科学立法的核心在于尊重和体现客观规律"①，符合客观实际，顺应时代潮流。美国著名法官霍姆斯在其巨著《普通法》一书的开篇即指出："法律的生命不在于逻辑，而在于经验。"②任何时代的法律都根植于特定时代人民生活的实际需求和社会实践的客观需要，只有真正回应时代呼声的法律才是现实的法律，才能由法律文本成功转化为法律实践，成为社会生活的有效规范。当代中国推进立法的科学化，按照客观规律推进法治建设，应当"抓好立法项目论证，科学确定立法项目，健全法律出台前评估和立法后评估制度。综合运用制定、修改、废止、解释等多种形式，增强立法工作的协调性、及时性、系统性。加强立法调查研究，找准立法重点难点，探求科学应对之策，切实增强法律的可执行性和可操作性"③。为此，一方面要注重立法工作与社会发展的协调一致，避免法律法规与社会生活的错位和脱节，使立法能够准确把握社会需要和时代脉搏，使法律对人民生活的保障达到预期效果。另一方面，要不断改善立法技术、提高立法质量，遵循立法工作的专业要求，运用简洁有效、系统配套的法律规定将党的政策和人民意愿转化成具有严谨规范性和较强操作性的国家规范。

良法是善治的前提，两千多年前亚里士多德就明确指出，"法治应包含两重含义：已成立的法律获得普遍的服从，而大家所服从的法律又应该本身是制定得良好的法律。"④只有从立法入手，确保人民意愿在法治源头上得到充分体现，才能进而使整个法治建设格局都反映人民意愿，服从人民意志，使全面依法治国成为密切联系人民群众的重要渠道。

---

① 习近平：《关于〈中共中央关于全面推进依法治国若干重大问题的决定〉的说明》，《人民日报》2014年10月29日，第2版。

② [美]小奥利弗·温德尔·霍姆斯：《普通法》，冉昊、姚中秋译，中国政法大学出版社2006年版，第2页。

③《十八大以来重要文献选编》上，中央文献出版社2014年版，第874页。

④ [古希腊]亚里士多德：《政治学》，吴寿彭译，商务印书馆1983年版。

二、严格执法，规范权力，切实服务人民

执法是指"国家行政机关和法律授权、委托的组织及其公职人员在行使行政管理权的过程中，依照法定职权和程序，贯彻实施法律的活动"[①]。宪法和法律是党的主张和人民意志相统一的体现，是人民意愿按照法定程序和要求制定的强制性规范，是行政执法权力的来源和基础，是体现人民意愿、维护人民利益的基本保障。构建体现人民意志的法治格局，确保法治运行切实尊重人民意愿，维护人民利益，保障人民幸福，应当着力实现严格执法，切实通过法律法规规范行政权力，确保人民赋予的权力能用来为人民服务。为实现严格执法的法治建设任务，必须严格遵循依法行政原则，按照法律法规的要求规范行政权力的行使和运行；必须深化行政体制改革，构建科学规范、运转协调、廉洁高效的行政管理体制；必须强化对行政权力的制约和监督，充分发挥各种形式的监督作用，避免权力的恣意妄为。

（一）规范权力，坚持依法行政服务人民

1978召开的十一届三中全会上，邓小平同志就提出："有法可依、有法必依、执法必严、违法必究"[②]的法治建设原则，将严格执法作为法治建设的重要组成部分加以突出和强调，凸显了严格执法对维护社会主义法治、将法律法规中反映的人民意愿切实落到实处的基础性意义。在此基础上，江泽民同志提出："一切政府机关都必须依法行政，切实保障公民权利，实行执法责任制和评议考核制。"[③]明确将依法行政与保障公民权利相结合，并强调通过健全相应制度机制，完善责任追究和考察评比制度，来确保行政权力的合法运行。胡锦涛同志指出："要坚持依法执政、依法行政。越是工作重要，越是事情紧急，越是矛盾突出，越要依法办事。"[④]明确反对因事情紧急、工作重要等理由违背法律法规，放任权力滥用的错误观点，强调了依法行政对于化解社会矛盾、做好各项工作的重要意义。党的十八大以来，以习近平同志为核

---

① 张文显：《法理学》，高等教育出版社、北京大学出版社2015年版，第207页。
②《邓小平文选》第二卷，人民出版社1994年版，第254页。
③《江泽民文选》第一卷，人民出版社2006年版，第158～159页。
④《胡锦涛文选》第二卷，人民出版社2016年版，第72页

心的党中央高度重视依法行政、严格执法在构建体现人民意志的法治格局中的重要地位，他指出："行政机关是实施法律法规的重要主体，要带头严格执法，维护公共利益、人民权益和社会秩序。执法者必须忠实于法律。"①明确强调了行政机关在执行法律、维护法治方面的重要作用，将行政机关忠于法律、严格执法作为维护人民利益和社会秩序的基本保障，进一步强调了执法机关在法治建设中的带头作用。

严格规范执法活动，确保行政权力始终用来为人民服务，最基本的要求在于依法行政，以宪法法律明确行政权力行使的边界，确保行政权力在法治的轨道上有效运行。宪法和法律是党的主张和人民意志相统一的体现，是社会运行的基本规范和人民权益的基本保障，是人民意志的集中体现和规范表达。严格依法行政，按照宪法法律的要求开展行政行为，将宪法法律的规范通过行政活动贯彻到现实社会生活中，是行政机关贯彻法治要求的基本体现，是构建反映人民意志的法治格局的基本保障。"全面推进依法治国，必须坚持严格执法。法律的生命力在于实施。如果有了法律而不实施，或者实施不力，搞得有法不依、执法不严、违法不究，那制定再多法律也无济于事。……我们社会生活中发生的许多问题，有的是因为立法不够、规范无据，但更多是因为有法不依、失于规制乃至以权谋私、徇私枉法、破坏法治。"②只有严格规范执法活动，做到执法必严、违法必究，使文本形态的法律转化成为现实生活中的法律，法律才能真正发挥约束作用，人民权利也才有可靠保障。

行政机关依法行政，坚持按照法律规定行使行政权力，不仅要求严格遵循法律设定的权限和程序，还要求坚持比例原则，遵循行政的适当性、必要性和相当性，有效维护当事人权益，这也是坚持依法行政、落实行政法基本原则的内在要求。为确保行政行为合理性，应加强行政复议制度的有效实施，通过对行政行为合理性、合法性的一体审查，纠正行政执法过程中出现的行政不合法和行政不合理行为，合理平衡行政目标的实现和行政相对人权益的保护，使行政机关自由裁量权的行使符合群众要求，维护人民权益，并在法治框架内合理运行。

---

① 《习近平谈治国理政》，外文出版社2014年版，第145页。
② 《习近平关于全面依法治国论述摘编》，中央文献出版社2015年版，第57页。

（二）规范权力服务人民应当深化行政体制改革

新时代推进中国特色社会主义现代化建设，必须继续全面深化改革，必须坚持完善和发展中国特色社会主义制度，实现国家治理体系和治理能力现代化。行政体制是国家治理体系的重要组成部分，是行政机关有效行使行政权力，切实保障行政为民的重要依靠。确保权力依法行使，规范权力切实服务人民，需要进一步推进行政体制改革，不断提高行政效率，改善行政效能。"转变政府职能是深化行政体制改革的核心，实质上要解决的是政府应该做什么、不应该做什么，重点是政府、市场、社会的关系，即哪些事应该由市场、社会、政府各自分担，哪些事应该由三者共同承担。"①政府是开展社会治理、规范社会运行的重要部门，拥有广泛的行政权力和众多行政部门，但政府权能的广泛性并不代表政府应该和能够处理一切社会问题。改革开放以来，我国逐渐由高度集中的计划经济转向社会主义市场经济，社会生产资源的配置由主要依靠各级政府的指令性计划转向主要依靠市场通过价格杠杆和竞争机制进行配置，从而极大调动了人民群众的积极性、主动性、创造性，使一切创造社会财富的源泉充分涌流，为当代中国的发展进步奠定了坚实基础。新时代进一步深化行政体制改革，规范权力的合理运行，应当根据经济社会发展的实际需要不断调整政府、市场和社会间的相互关系，确保政府管好该管的，放开该放的，划清权力的运行边界，使政府、市场和社会各自扮演好自己角色，相辅相成、相互补充，在合理范围内发挥应有效能。

深化行政管理体制改革，规范权力切实为人民服务，应当着力严格执法程序，通过正规规范的执法程序推动和保障行政权力的有效运行，以程序正当保障实体正当，增强行政权力行使的规范性和公信力，为确保行政权力运行合法规范、高效便民提供程序依据。行政权力行使的法定程序不仅是一般的办事流程和行为指南，还是权力行使本身应当遵循的重要规范，承载着确保权力运行公开透明、合法合理的重要功能。通过构建系统配套、科学规范的制度程序体系，能够确保权力运行受到行政机关内各单位、各部门间的相互制约和监督，防止权力运行的暗箱操作，为权力严格依照法律规定运转提供了制度保障。同时，严格透明的权力运行程序能够为群众提供监督权力的

---

① 《习近平关于全面深化改革论述摘编》，中央文献出版社2014年版，第52页。

基本凭证和有效途径，从而进一步增强行政权力的公信力和可靠性，使行政权力在群众监督下更加自觉地遵循宪法法律的规范和要求，确保行政执法活动按照法律开展、遵循法定原则，最终实现服务人民的执法目的。

阳光是最好的防腐剂，只有大力推进政务公开，将行政权力的运行暴露在阳光下，使行政权力运行的各个环节做到公开透明，才能防止权力的暗箱操作，杜绝权力滥用、以权谋私。"全面推进政务公开。坚持以公开为常态、不公开为例外原则，推进决策公开、执行公开、管理公开、服务公开、结果公开。各级政府及其工作部门依据权力清单，向社会全面公开政府职能、法律依据、实施主体、职责权限、管理流程、监督方式等事项。重点推进财政预算、公共资源配置、重大建设项目批准和实施、社会公益事业建设等领域的政府信息公开。"①政务公开首先是政府职能和权限的公开，必须遵循职权法定的原则，法无授权不可为，明确政府能做什么，不能做什么，避免政府权力的缺失和越位。政务公开还指行政执法过程的公开，使公民了解政府行政行为的具体流程和监督方式，方便群众在了解政府权力运行方式的基础上加强对行政权力运行的监督，及时有效地寻求法律救济，便于维护自身合法权利。政务公开还指行政权力运行的结果公开，使社会公众都能够了解行政执法的最终结果，避免因权力运行不透明而引起的对公民权利的恣意侵害。全面推进政务公开，有效保障行政执法过程中公民的知情权和监督权，是不断推进行政权力合法合规行使、确保权力切实服务人民的重要保证。

（三）规范权力服务人民应当继续强化执法监督

缺乏监督的权力必然导致腐败，只有不断强化对行政执法权力的监督，才能有效避免权力滥用，确保权力按照法规规范运行，体现人民意志，贯彻人民意愿。习近平总书记指出："权力不论大小，只要不受制约和监督，都可能被滥用。"②"要加强党内监督、人大监督、民主监督、行政监督、司法监督、审计监督、社会监督、舆论监督，努力形成科学有效的权力运行和监督

---

①《中共中央关于全面推进依法治国若干重大问题的决定》，《人民日报》2014年10月29日，第1版。

②《习近平关于全面依法治国论述摘编》，中央文献出版社2015年版，第59页。

体系，增强监督合力和实效。"[①]通过行政系统内外各种监督机制的通力配合，形成对行政权力运行全方位、多维度的有效监督，才能预防和制止权力运行过程中的各种腐败现象，有效避免行政权力蜕变为牟取私人利益的工具。

强化对行政执法权力的监督和制约，首先是加强行政机关内部的自我监督和制约。行政机关在所有国家机关中涉及工作最繁多，运行程序最复杂，需要大量的专业知识和丰富的实践经验，其他国家机关和公民个人难以确切了解行政权力运行的具体依据和详细过程，不易形成全面有效的监督体系和问责机制。而行政机关自身通过合理划分职权，强化权力制约等途径形成的内部监督，能够有效防止外部监督因信息缺乏而产生的监督障碍，及时纠正行政权力运行过程中产生的违法、违规现象，确保行政权力的运行始终受到严格监督和有效制约。建立健全行政机关的内部监督，重点在于加强和改进"对财政资金分配使用、国有资产监管、政府投资、政府采购、公共资源转让、公共工程建设等权力集中的部门和岗位实行分事行权、分岗设权、分级授权，定期轮岗，强化内部流程控制，防止权力滥用。完善政府内部层级监督和专门监督，改进上级机关对下级机关的监督，建立常态化监督制度。完善纠错问责机制，健全责令公开道歉、停职检查、引咎辞职、责令辞职、罢免等问责方式和程序"[②]。通过政府内部监督机制的不断健全，监督程序的持续完善，监督效能的不断提升，使行政执法权力的运行始终受到合理的约束和监督。特别是资金使用、权力分配、错误纠正等领域监督制约机制的健全和完善，能够有效防止权力行使过程中贪污腐败、独断专行、以权谋私、徇私枉法现象的发生，将行政权力切实关进制度和法律的牢笼，实现以权力制衡权力、以规则规范权力、以问责约束权力的监督目标，为确保行政权力自始受到有效规范提供了坚实基础。

内部监督是行政执法权力监督的起点和重点，在强化行政执法监督过程中发挥着重要作用。但由于内部监督本质上作为自我监督的一种形式，不可避免地存在一定局限性，需要通过行政机关的外部监督加以补充，通过内部监督和外部监督相辅相成、协调配合，构建起完善可靠的监督体系。在各种

---

① 习近平：《加快建设社会主义法治国家》，《求是》2015年第1期。

②《中共中央关于全面推进依法治国若干重大问题的决定》，《人民日报》2014年10月29日，第1版。

各样的外部监督中，其他国家机关对行政机关的监督居于特别重要的地位，包括全国人民代表大会、人民检察院、人民法院以及国家监察委员会的监督。这不仅是因为这些国家机关依照宪法和法律授予的职权通过不同途径、不同方式实现对行政机关的制约和监督。还因为其他国家机关对行政机关的监督具有直接的法律强制力，能够有效避免和及时纠正行政机关的不当执法行为，使公民个人权利得到切实保障。

在各种国家机关的监督当中，监察委员会的监督又具有独特作用和特别重要的意义。2018年制定的《中华人民共和国监察法》第三条明确规定："各级监察委员会是行使国家监察职能的专责机关，依照本法对所有行使公权力的公职人员（以下称公职人员）进行监察，调查职务违法和职务犯罪，开展廉政建设和反腐败工作，维护宪法和法律的尊严。"从而将监察委员会定位为国家行使监察职能的专门机关，合并原有监察部和检察院的监督职能和对职务犯罪的侦查职能，并在此基础上进一步扩大监察范围，统一进行对全体行使公权力的公职人员的监察，统一了监察权力，提高了监察效能。"实现对所有行使公权力的公职人员监察全覆盖是监察法的一大特点。监察法明确对六类公职人员进行监察，涵盖了我国所有行使公权力的公职人员，解决了目前行政监察范围过窄的问题，实现了党内监督与国家监察高度互补，推动了由监督'狭义政府'到监督'广义政府'的转变，增强监督合力。"[1]此外，国家监察委员会还与党的纪律检查委员会实现合署办公，"体现了党内监督和国家机关监督、党的纪律检查和国家监察有机统一"[2]，实现了党的纪律和政纪国法的有机衔接，党内监督与国家监督的内在统一，为构建全覆盖、高效能的监督体系奠定了组织基础。

强化对行政执法权力的制约和监督，构建全面高效的制约监督体系，规范行政执法权力切实依照法律法规的授权合理运行，确保行政执法权力用来为人民谋利益，还必须重视群众和舆论监督，积极引导人民群众通过法定渠道反映诉求、解决纠纷。人民群众是行政执法行为的相对人和受益者，既受

[1]《"中国反腐道路上的里程碑"——国际人士积极评价中国全国人大通过国家监察法》，《人民日报》2018年3月21日，第21版。

[2] 钟纪言：《以宪法为根本遵循 肩负起国家监察神圣职责》，《人民日报》2018年3月14日，第15版。

到行政执法行为的直接约束，又是行政执法行为的最终服务对象，因此对行政执法行为的合法性、合规性、合理性具有最直接最切身的认知和感受。加强人民群众对行政执法权力的监督和约束，不断健全行政复议和行政诉讼制度，依法保障公民通过合法渠道、依照法定程序维护自身权益的基本权利，既是有效监督政府行为，防止执法行为任意侵犯公民权利的基本保障，又是促进政府履职尽责，推动行政执法部门积极行使法定职权以维护公共利益的必要保障，在针对行政执法活动的监督体系中发挥着不可替代的重要作用。

三、公正司法，确保人民实现公平正义

司法是将法律运用于个案的关键环节，是社会正义的最后一道防线，司法是否公正直接关涉到公民合法权益能否得到有效维护，关涉到人民是否能够感受到法律的公正。如果司法不能保证公正，则当事人的合法权益将受到直接侵害，作为人民意志体现的宪法法律难以得到完全实现，党和政府的公信力将受到极大破坏。习近平总书记在2014年召开的中央政法工作会议上指出："如果不努力让人民群众在每一个司法案件中都感受到公平正义，人民群众就不会相信政法机关，从而也不会相信党和政府。"[①]只有实现司法权依法独立行使，健全司法权运行机制，加强司法过程中的人权保障，将公正司法的阳光洒在每个公民身上，才能确保人民充分感受到公平正义，将融汇在宪法法律中的人民意志变成现实。

（一）司法权依法独立行使是确保人民感到公平正义的基本保障

确保法院、检察院依法独立行使审判权、检察权等司法权，杜绝任何国家机关和个人干扰司法权的依法行使，是确保司法权运行合法公正，确保人民感到公平正义的基本保障。只有确保司法权依法独立行使，才能确保司法机关在法律使用过程中免于其他团体和个人的干扰，确保司法机关只忠于法律，严格按照宪法法律的规定处理案件，将法律中体现的人民意愿落实到具体案件之中，使司法活动成为贯彻人民意愿的重要方式，确保司法的正义普

---

① 《十八大以来重要文献选编》上，中央文献出版社2014年版，第718页。

照到每一个公民。

改革开放以来，确保司法权依法独立行使就成了党的一贯主张和国家法治建设的基本准则。党的十一届三中全会在总结"文化大革命"教训的基础上明确提出："检察机关和司法机关要保持应有的独立性；要忠实于法律和制度，忠实于人民利益，忠实于事实真相；要保证人民在自己的法律面前人人平等，不允许任何人有超于法律之上的特权。"[1]明确强调了司法机关和检察机关依法办案、忠于法律的基本要求，反对其他组织或个人干预司法，更不允许任何人超越宪法法律的约束，破坏法律平等适用的基本原则。在此基础上，1982年制定的《中华人民共和国宪法》明确规定："人民法院依照法律规定独立行使审判权，不受行政机关、社会团体和个人的干涉。""人民检察院依照法律规定行使检察权，不受行政机关、社会团体和个人的干涉。"从而以国家根本大法的形式将审判机关和法律监督机关独立行使司法权固定下来，作为我国法律的一项基本原则加以确定。

当前，进一步推进公正司法，更好地保障法院、检察院依法独立行使审判权和检察权，杜绝其他国家机关的不正当干预，关键在于解决各级领导机关和领导干部违法违规干预司法的问题。习近平总书记在2014年召开的中央政法工作会议上指出："做到严格执法、公正司法，还要着力解决领导机关和领导干部违法违规干预问题。这是导致执法不公、司法腐败的一个顽瘴痼疾。"[2]各级党政领导机关和领导干部代表人民行使国家权力，本应在法律法规授权范围内履职尽责，认真行使自身职权。但部分领导干部却滥用职权，利用手中掌握的国家权力插手具体司法案件，影响司法机关依法履行职权，成为破坏司法公正的重要原因。同时由于各级领导机关和领导干部所行使的国家权力对司法的违法违规干预，往往会带来其他组织和个人难以产生的影响和危害，进而会导致更为严重的后果。

为进一步解决领导机关和领导干部滥用职权违法违规干预司法权力行使的问题，2015年3月30日，中共中央办公厅、国务院办公厅印发了《领导干部干预司法活动、插手具体案件处理的记录、通报和责任追究规定》。这一规定"主要建立了三项制度：一是司法机关对领导干部干预司法活动、插手具体案

---

[1]《改革开放三十年重要文献选编》上，人民出版社2008年版，第19页。
[2]《习近平关于全面依法治国论述摘编》，中央文献出版社2015年版，第73页。

件处理的记录制度；二是党委政法委对领导干部违法干预司法活动、插手具体案件处理的通报制度；三是纪检监察机关对领导干部违法干预司法活动以及司法人员不记录或者不如实记录的责任追究制度"①。这三项制度有机配合、环环相扣，形成了对领导干部干预司法活动、插手具体案件的监督制约机制，建立了以记录为基础，综合通报和事后追责为一体的制度体系，为"贯彻落实《中共中央关于全面推进依法治国若干重大问题的决定》有关要求，防止领导干部干预司法活动、插手具体案件处理，确保司法机关依法独立公正行使职权"②提供了具体规范。

确保司法权依法独立行使还要积极引导新闻媒体正确开展对司法工作的舆论监督。新闻媒体作为引导社会舆论的重要力量，传播快、覆盖广、影响大，在监督司法机关依法行使职权过程中具有重要作用。积极引导新闻媒体合理开展对司法工作的监督，能够有效吸引社会公众对司法工作的注意，促使司法机关依法认真行使职权，避免权钱交易、徇私枉法等司法腐败现象，推动司法工作更加公正，确保社会正义得到伸张。同时必须看到，新闻媒体由于其本身所具有的广泛社会影响力，其对司法工作的报道往往会引起强烈的社会反响，对司法机关造成一定的社会压力，影响司法机关依法独立审判的实现，不利于法律适用的严格和统一，不利于法律规范得到严格遵守。"新闻媒体要加强对执法司法工作的监督，但对执法司法部门的正确行动，要予以支持，加强解疑释惑，进行理性引导，不要人云亦云，更不要在不明就里的情况下横挑鼻子竖挑眼。要处理好监督和干预的关系，坚持社会效果第一，避免炒作渲染，防止在社会上造成恐慌，特别是要防止为不法分子提供效仿样本。"③既要积极推动新闻媒体对司法机关的舆论监督，通过合理公开报道司法工作的相关内容，提高社会公众对司法工作的关注程度，密切社会公众与司法工作的相互联系，推动司法机关自觉接受社会公众监督，使司法权力

① 《建立"防火墙"，防止干预司法——中央司法体制改革领导小组办公室负责人就〈领导干部干预司法活动、插手具体案件处理的记录、通报和责任追究规定〉答记者问》，《人民日报》2015年3月31日，第4版。
② 《中办国办印发〈领导干部干预司法活动、插手具体案件处理的记录、通报和责任追究规定〉》，《人民日报》2015年3月31日，第1版。
③ 《十八大以来重要文献选编》上，中央文献出版社2014年版，第721页。

在阳光中运行，杜绝暗箱操作、徇私枉法现象的发生。又要推动新闻媒体对司法工作的监督必须遵循法律规定，设立合理限度，在遵循新闻报道真实性、全面性等基本原则的前提下进行监督。不能罔顾事实、先入为主，在司法过程完结之前进行倾向性报道，错误引导公众认知。更不能恣意歪曲、哗众取宠，为追求所谓的点击率、关注度进行渲染炒作，通过给司法机关施加压力影响司法工作的正常开展。必须正确处理监督和干预的关系，在合法、理性、客观的基础上开展关于司法工作的报道，正确发挥新闻媒体的监督作用，使监督到位不越位，真正成为推动司法机关依法独立行使司法权、提高人民公平正义感受的有效保障。

（二）健全司法权运行机制是确保人民感到公平正义的有效抓手

制度具有全局性、长期性和稳定性，在规范人类社会生活的方方面面发挥着基础性作用。推进公正司法，确保人民在每一个个案中都感到公平正义，应当不断健全司法权的运行机制，通过权力的合理配置和程序的不断改进推动司法权力的公正行使，以健全配套、科学合理的制度确保司法权力在法律法规的规范内有效行使，使司法权力真正维护人民利益、体现人民意志。

健全司法权的运行机制，首先要推动司法职权的合理配置。这既包括不同司法机关间横向权力配置的不断优化，推动形成相互配合又相互制约的司法权力架构；又包括不同级别司法机关间上下级关系，根据实际需要不断调试业务指导关系和行政领导关系；还包括各类具体机制设计和程序性制度，推动司法活动的规范化程度不断提升。"司法职权配置的合理与优化，直接关系到司法公正的实现。中国从解决影响司法公正的体制性障碍出发，加强司法机关内部机构制约，理顺上下级法院、检察院的审判、检察业务关系，规范完善再审程序，建立统一的执行工作体制和司法鉴定管理体制。这些改革提高了司法机关公正司法的能力，有助于维护社会公平正义，满足民众对司法公正的新期待、新要求。"[1]通过司法职权的合理配置，促进各司法部门权力的有序行使和合法运行，推动审判工作、检查工作、执行工作的衔接顺畅、运转协调，进而实现司法运行机制的不断健全。

---

[1]《中国的司法改革》，《人民日报》2012年10月10日，第22版。

诉讼因其严格的制度设计和较高的法律权威，在各种适用法律解决纠纷的途径中居于重要地位，健全司法权运行机制，保障司法权力合法运行，应当不断深化诉讼制度改革，使诉讼制度更好满足人民对公正适用法律的基本需求。审判是各级人民法院以法律为依据、以事实为准绳审理案件并作出判决的活动。由于审判环节在诉讼过程中发挥着认定事实、适用法律的重要作用，因而处于诉讼活动的中心。"推进以审判为中心的诉讼制度改革，目的是促使办案人员树立办案必须经得起法律检验的理念，确保侦查、审查起诉的案件事实证据经得起法律检验，保证庭审在查明事实、认定证据、保护诉权、公正裁判中发挥决定性作用。这项改革有利于促使办案人员增强责任意识，通过法庭审判的程序公正实现案件裁判的实体公正，有效防范冤假错案产生。"[①]只有不断严格审判程序，严格按照法律规定开展审判活动，确保法庭审判成为认定事实、适用法律的决定性环节，才能有效树立法律判决的权威性，增强诉讼制度设计的实效性，确保诉讼制度按照法律规定运转，防止冤假错案发生，有效保护当事人的诉讼权益，满足当事人对于程序正义和实体正义的需求。

司法公正是社会公正最基本的保障，司法腐败则是最严重的腐败。司法活动的本质是将法律运用于个案当中，依照法律规定作出判决，实现定纷止争的社会效果。如果出现司法腐败，则司法运行所遵循的就不再是宪法法律中所体现的人民意志，而是通过利益输送维护自身利益的权钱交易规则，司法机关也由法律的适用者变成了少数人利益的维护者，必然导致司法公正的丧失，引起公民不满和司法公信力的丧失。同时，司法裁判以其严谨性和终局性而具有很高的权威性，一旦司法因为腐败而作出错误判决往往很难补救，将给当事人造成难以挽回的损失。习近平总书记指出："我们一定要警醒起来，以最坚决的意志、最坚决的行动扫除政法领域的腐败现象。要健全政法部门分工负责、相互配合、互相制约机制，通过完善的监督管理机制、有效的权力制衡机制、严肃的责任追究机制，加强对执法司法权的监督制约，最大限度减少权力出轨、个人寻租的机会。"[②]杜绝司法腐败，应当进一步健全和完善政法部门间权力的配合与制约关系，实现法院、检察院、公安机关和监察

① 《习近平关于全面依法治国论述摘编》，中央文献出版社2015年版，第82页。

② 《习近平关于全面依法治国论述摘编》，中央文献出版社2015年版，第76页。

委员会之间的分工负责与相互配合，通过权力的相互制约避免一权独大、徇私枉法，最大限度减少权力违法行使的机会。同时应当实行更为严格的责任追究制度，对司法过程中出现的腐败现象应当从严处理，从重处罚，形成快捷有效的反腐态势。

（三）司法过程的人权保障是确保人民感到公平正义的重要环节

人权是人的价值的社会承认，是人平等参与社会生活的基本保障。我国宪法明确规定："国家尊重和保障人权。"明确肯定了人权重要价值。"司法是人权保障的重要防线。中共十八大以来，中国坚持司法为民，将惩治犯罪与保障人权相统一，坚定不移推进司法体制改革，不断发展和完善中国特色社会主义司法制度，努力让人民群众在每一个司法案件中都感受到公平正义。"①通过改革司法制度，加强司法过程中的人权保障，使广大人民群众切实感到自身权益得到有效维护，增强了广大群众对法律权威和社会公正的认可。

通过提起诉讼按照法定程序维护自身合法权益是公民的基本权利，诉讼权利能否得到有效保障关系到公民权利能否通过司法程序得到有效保障，是公民其他权利得到维护的基本条件。加强和改进司法过程中的人权保障，首先要保障公民的诉讼权。为切实保障公民诉讼权，确保公民能够通过诉讼方式寻求国家强制力的保护，通过法定程序和合法渠道维护自身权益，"人民法院改立案审查制为立案登记制，切实做到有案必立、有诉必理，充分保障当事人的诉权。各级法院自2015年5月实施立案登记制以来，当场登记立案率保持在95%以上，截至2017年9月，登记立案数量超过3900万件"②。法院对于当事人提交的诉状一律接受、登记，对符合法定起诉条件的一律立案受理，确保公民诉讼权利得到有效行使。此外，公安部还发布了《关于改革完善受案立案制度的意见》，强调对于公民报案、控告、举报的案件，属于公安机关管辖的必须依法受理，使得公安机关立案工作更加便民、更加高效、更加透明，为公民寻求通过司法途径维护自身利益和社会公共利益提供了便利条件。通

---

① 《中国人权法治化保障的新进展》，《人民日报》2017年12月16日，第6版。
② 《中国人权法治化保障的新进展》，《人民日报》2017年12月16日，第6版。

过诉讼制度的改革和完善，使公民能够更加便捷地行使自身诉讼权利，使司法过程中的人权保障更为完善和充分。

因司法过程中事实认定和法律适用的不正确而产生的冤假错案是对当事人合法权益的极大侵害，是对司法机关及其工作人员职业伦理的严重违背和对社会主义法治的严重破坏。加强和改进司法过程中的人权保障，特别是刑事诉讼中被告人合法权益的维护，杜绝冤假错案的发生，是树立和维护法律权威，增强人民群众正义感受的重要环节。"最高人民法院发布《关于建立健全防范刑事冤假错案工作机制的意见》，规定对定罪证据不足的案件应当依法宣告被告人无罪，确保无罪的人不受刑事追究。各级法院依据事实和法律公正审判，并对冤假错案进行依法纠正。2013年至2017年，各级法院纠正重大冤假错案37件61人，共依法宣告4032名被告人无罪。"①在大多数刑事诉讼案件中，进行侦查的国家机关拥有强制权力，能够对公民的人身、财产等基本权利进行限制，而作为侦查对象的嫌疑人则缺少对等的防护措施，其基本权利容易受到不合法的限制和侵犯，甚至出现严刑拷打、刑讯逼供现象的发生，最终造成冤假错案。因此，加强对被告人合法权益的保护，杜绝刑讯逼供现象的发生，严格证据采纳制度，及时依法宣告定罪证据不足的案件的被告人无罪，依据事实和法律纠正冤假错案，对于加强司法过程中的人权保护，对于确保群众感受到司法公正具有重要意义。

加强司法过程中的人权保障，确保公民权益通过司法手段得到有效维护，提升人民群众对社会公平正义的切身感受，不仅需要维护公民诉讼权利，杜绝冤假错案，还需要适时加强司法救助，确保每一名受害者都能够得到切实维护，将纸面上的司法判决转化为现实的利益补偿，不断改善司法工作的社会效果。党的十八大以来，我国不断"加强和规范国家救助工作，统一案件受理、救助范围、救助程序、救助标准、经费保障、资金方法，实现'救助制度法治化、救助案件司法化'。……2014年、2015年、2016年，中央与地方安排的救助资金总额分别为24.7亿元、29.4亿元、26.6亿元，共有26.8万余名当事人得到司法救助。"②通过健全、完善司法救助制度，使部分赢得诉讼却又难以获得有效赔偿的当事人得到了及时救助，使自身受损失的利益得到了

---

① 《中国人权法治化保障的新进展》，《人民日报》2017年12月16日，第6版。
② 《中国人权法治化保障的新进展》，《人民日报》2017年12月16日，第6版。

部分补偿，从而避免了司法判决难以落实、受害者利益难以有效维护的尴尬结局，使司法对受害者的救济落到实处、化为实际，使当事人对司法公正、社会公正的认识更为真切。

四、全民守法，引导人民理性表达诉求

在全面依法治国中不断密切党和人民群众的血肉联系，构建体现人民意志的法治格局，不仅需要科学立法、严格执法、公正司法，还需要全面守法，引导人民理性表达利益诉求，从而实现法治国家、法治政府、法治社会一体建设，为全面推进中国特色社会主义法治建设，将人民意志体现在法治格局的方方面面奠定良好的社会基础。习近平总书记在十八届中央政治局第四次集体学习时指出："全民守法，就是任何组织或者个人都必须在宪法和法律范围内活动，任何公民、社会组织和国家机关都要以宪法和法律为行为准则，依照宪法和法律行使权利或权力、履行义务或职责。"①只有不断增强全体民众的法治观念，切实确保一切组织和个人在宪法法律范围内活动，依法行使权力，履行法定义务，构建依法而治的社会治理格局，才能为法律规范得到民众广泛认可和自觉遵守奠定坚实的社会基础，才能为构建体现人民意志的法治格局提供有力保障。

（一）深入开展法治宣传，增强全民法治观念

知法是守法的前提，实现全民守法，引导人民理性表达利益诉求，首先应当深入开展法治宣传，增强全民法治观念，为法治建设营造良好的社会环境。法治建设固然需要完备的法律制度，健全的执法机关，公正的司法过程，但更需要社会对于法治的认可，需要人民对于法治的信仰。只有将法治精神深深印在每个公民的内心当中，做到内化于心、外化于行，使公民在社会生活中自觉遵循宪法法律的规范和要求，自觉抵制违反宪法法律的行为，才能使宪法法律得到有效实施，才能真正建立起融汇法治精神的社会治理格局，为实现全民守法提供必要条件。

---

① 《习近平关于全面依法治国论述摘编》，中央文献出版社2015年版，第68页。

宪法是国家的根本大法，它规定了国家的基本制度和大政方针，明确了公民的基本权利和义务，规定了国家机关的产生方式和职权范围，并明确国家象征。宪法在中国特色社会主义法律体系中居于核心地位，宪法能否得到有效实施关系到整个法律体系能否得到有效实施。加强法治宣传和法治教育，增强全民法治观念，树立法律在规范社会生活中的权威，首先要加强对宪法的宣传和教育，树立宪法在社会生活和政治生活中的权威地位，使宪法得到全社会的有效遵循。2012年12月，习近平总书记在宪法公布施行30周年纪念大会上指出："我们要在全社会加强宪法宣传教育，提高全体人民特别是各级领导干部和国家机关工作人员的宪法意识和法制观念，弘扬社会主义法治精神，努力培育社会主义法治文化，让宪法家喻户晓，在全社会形成学法尊法守法用法的良好氛围。"①应当大力加强对宪法的宣传和普及，增强国家机关工作人员和全体人民群众的宪法意识和宪法观念，引导群众努力学习宪法知识，通晓宪法规范，明确自身权利义务，增强自觉履行宪法规定的主观意识，自觉抵制和反对违反宪法、破坏宪法的违法行为，确保宪法得到有效维护和自觉践行。

法治建设是亿万人民群众共同的事业，必须在全社会范围内广泛普及法律知识，增强每个公民的法治意识，调动整个社会的积极性、主动性、创造性，共同投身于中国特色社会主义的法治建设。"人民权益要靠法律保障，法律权威要靠人民维护。要充分调动人民群众投身依法治国实践的积极性和主动性，使全体人民都成为社会主义法治的忠实崇尚者、自觉遵守者、坚定捍卫者，使尊法、信法、守法、用法、护法成为全体人民的共同追求。"②调动人民自觉参与法治建设的积极性、主动性、创造性，前提是对法律知识的了解、熟悉和掌握，只有准确理解并科学把握法律法规规范的具体内容、适用方法和精神内核，才有可能自觉按照法律要求规范社会行为，才有可能将法律规范落到实处。在法制宣传过程中，不同的宣传对象有不同的宣传重点，只有针对不同对象的实际要求有针对性地开展宣传，才能使法律知识的普及达到最佳效果。要正确区分不同对象的法律需求，按照不同层次、不同类别、不同群体的现实情况开展法律普及，使这项工作的实际效益得到切实发挥。

①《十八大以来重要文献选编》上，中央文献出版社2014年版，第91页。
② 习近平：《加快建设社会主义法治国家》，《求是》2015年第1期。

开展法治宣传工作，努力普及法律知识，不能仅仅停留在口头上和纸面上，而要采取一系列有效措施，切切实实将法律普及作为依法治国方略的重要步骤，落到实处，收到实效。"推进全民守法，必须着力增强全民法治观念。要坚持把全民普法和守法作为依法治国的长期基础性工作，采取有力措施加强法制宣传教育。要坚持法治教育从娃娃抓起，把法治教育纳入国民教育体系和精神文明创建内容，由易到难、循序渐进不断增强青少年的规则意识。要健全公民和组织守法信用记录，完善守法诚信褒奖机制和违法失信行为惩戒机制，形成守法光荣、违法可耻的社会氛围，使尊法守法成为全体人民共同追求和自觉行动。"①通过高等院校专业法学教育、在职法学教育、中小学法律普及教育、社会教育等多种途径、多种方式的法律普及工作，使纷繁复杂的法律规范在不同层次、不同水平上得到社会公众的理解和掌握，从而适应不同群体的法律需求，为增强全民法治观念，实现全民守法提供前提。

（二）继续推进法治教育，提升法律普及水平

法治观念的提升是法治意识增强的基本前提，法治教育的普及则是进一步推进全体公民守法用法的重要保障。不断推进全民守法，引导公民通过法律途径理性表达利益诉求，按照宪法和法律的规定管理社会事务，需要继续推进法治教育，提升法律普及水平。

青少年是祖国的未来，是法治建设的希望，推进法治教育，不断提升全社会的法律普及水平，首先要从青少年抓起。提升青少年法治教育水平，就是要"把法治教育纳入国民教育体系，培育青少年法治观念、普及法治知识、养成守法意识，提高运用法律方法维护自身权益、通过法律途径参与国家和社会生活的意识和能力。"②通过不断增强青少年的权利意识和法治意识，鼓励支持青少年积极按照法律规定、运用法治思维、通过法律途径维护自身合法权益，为全社会法律知识的普及提供坚实基础。

良好的法律制度有赖于大批具有专业法律知识和崇高法律理想的法治工作者，而法治工作者的培养则有赖于高等院校的专业教育。充分发挥法律专

---

① 习近平：《加快建设社会主义法治国家》，《求是》，2015年第1期。
②《中国人权法治化保障的新进展》，《人民日报》2017年12月16日，第6～7版。

业高等教育在法律人才培养过程中的主渠道作用，大量培养社会主义法治建设所必需的法律专门人才，是继续推进法治教育，不断提升法律普及水平的应有之义。"坚持用马克思主义法学思想和中国特色社会主义法治理论全方位占领高校、科研机构法学教育和法学研究阵地，加强法学基础理论研究，形成完善的中国特色社会主义法学理论体系、学科体系、课程体系，组织编写和全面采用国家统一的法律类专业核心教材，并纳入司法考试必考范围。坚持立德树人、德育为先导向，推动中国特色社会主义法治理论进教材进课堂进头脑，培养造就熟悉和坚持中国特色社会主义法治体系的法治人才及后备力量。"①通过高等教育的系统培养，造就一大批知法懂法、学法用法的专业人才，为建立和完善中国特色社会主义法治体系，建设法治国家提供强有力的人才支撑。

依法治国的关键在于广大干部依据宪法和法律开展各项工作，确保各项工作有法必依，违法必究，在广大干部中广泛开展法治教育。不断提高各级领导干部的法治意识和法律知识掌握水平，是推进法治教育的重要环节。"坚持把领导干部带头学法、模范守法作为树立法治意识的关键，完善国家工作人员学法用法制度，把宪法法律列入党委（党组）中心组学习内容，列为党校、行政学院、干部学院、社会主义学院必修课。"②通过支部学习、在职培训等多种方式提升广大干部的法治意识和法治水平，使其在具体开展过程中能够严格按照法律办事，发挥遵纪守法的模范带头作用，是提升全社会法律普及水平，推动全民守法的重要保障和有效途径。

（三）不断增强法律权威，构建依法治理格局

努力实现全民守法，引导人民理性表达利益诉求，不仅需要加强法治宣传，在全社会范围内树立法治意识，还需要不断增强法律权威，构建依法治理的社会格局，使各项社会事业的开展、各种社会矛盾的解决都严格遵循宪法法律规定，使宪法法律真正成为全社会共同遵循的基本准则，成为党治国

---

①《中共中央关于全面推进依法治国若干重大问题的决定》，《人民日报》2014年10月29日，第1版。

②《中共中央关于全面推进依法治国若干重大问题的决定》，《人民日报》2014年10月29日，第1版。

理政和普通民众日常生活的基本规范。将实现依法治理作为依法治国整体战略的重要组成部分，在广泛开展法制教育、不断提升人民法治意识和法律知识水平的基础上，坚持不懈推进依法治理格局向纵深发展，对进一步引导全体人民知法、敬法、尊法、守法，自觉按照法律规范有效维护自身利益、自觉履行自身义务具有重要意义。

构建依法治理格局，首先要努力实现依据法律规范、按照法律程序解决社会矛盾纠纷。法律作为最基本的社会规范，是人民群众社会生活的基本遵循，是社会矛盾解决的基本依据，只有充分发挥法律定纷止争的规范功能，在社会矛盾解决中严格遵循法律规范，按照法律处理各种纠纷，使人民群众切实感到法律在维护自身利益中的基础性作用，才能不断增强人民群众对法律的敬畏感和信任感，引导群众自觉遵守法律规范，通过法定途径、按照法定程序表达自身意愿、维护自身利益。习近平总书记在2014年中央政法工作会议上指出："深入开展法制宣传教育，弘扬社会主义法治精神，引导群众遇事找法、解决问题靠法，逐步改变社会上那种遇事不是找法而是找人的现象。当然，这需要一个过程，关键是要以实际行动让老百姓相信法不容情、法不阿贵，只要是合理合法的诉求，就能通过法律程序得到合理合法的结果。"① 为此，应当着力"要引导全体人民遵守法律，有问题依靠法律来解决，决不能让那种大闹大解决、小闹小解决、不闹不解决现象蔓延开来，否则还有什么法治可言呢？要坚决改变违法成本低、守法成本高的现象，谁违法就要付出比守法更大的代价，甚至是几倍、十几倍、几十倍的代价。"② 使各种社会矛盾的解决都严格遵循法律规范和法律程序，摒除各种非法因素对法律运行的不正当干扰，使法律成为处理各项社会矛盾的基本准则，为构建依法治理的社会治理格局奠定坚实基础，提供有力导向。

不断增强法律权威，构建依法治理的社会治理格局，应当充分发挥基层自治规范的约束作用。"坚持系统治理、依法治理、综合治理、源头治理，提高社会治理法治化水平。深入开展多层次多形式法治创建活动，深化基层组织和部门、行业依法治理，支持各类社会主体自我约束、自我管理。发挥市民公约、乡规民约、行业规章、团体章程等社会规范在社会治理中的积极作

---

① 《十八大以来重要文献选编》上，中央文献出版社2014年版，第722页。
② 《习近平关于全面依法治国论述摘编》，中央文献出版社2015年版，第68页。

用。"[1]法律是由有立法权的国家机关按照立法权限、遵循立法程序制定的，由国家强制力保证实施的基本社会规范。社会生活极其丰富，涉及政治、经济、文化、生态等各个方面。而国家法律由于由相应的国家机关统一制定，必然难以触及社会生活的方方面面。同时，由于我国各地区、各部门、各群体之间的差异较大，不可能全部事项均由国家制定的法律进行统一规范。应当充分发挥基层自治性规范在社会治理中的重要作用，逐渐形成多层次、系统化的社会治理规范，"发挥市民公约、乡规民约等基层规范在社会治理中的作用，培育社区居民遵守法律、依法办事的意识和习惯，使大家都成为社会主义法治的忠实崇尚者、自觉遵守者、坚定捍卫者"[2]。充分发挥人民群众自我管理、自我监督、自我约束、自我服务的积极性、主动性、创造性，使人民群众在制定规范、执行规范、适用规范、遵守规范的过程中不断增强自身的规范意识和法治意识，推动社会治理法治化、规范化的历史进程。

---

①《中共中央关于全面推进依法治国若干重大问题的决定》，《人民日报》2014年10月29日，第1版。

②《习近平关于全面依法治国论述摘编》，中央文献出版社2015年版，第91页。

第四章　维护人民权益的法律体系

良法是善治的前提，全面推进依法治国，以法治化的方式和手段确保党和人民群众的血肉联系，首先应当确保国家法律能够切实保证人民利益。党的十八届四中全会通过的《中共中央关于全面推进依法治国若干重大问题的决定》强调指出："依法保障公民权利，加快完善体现权利公平、机会公平、规则公平的法律制度，保障公民人身权、财产权、基本政治权利等各项权利不受侵犯，保障公民经济、文化、社会等各方面权利得到落实，实现公民权利保障法治化。"[1]尊重和保障人民合法权益是建设中国特色社会主义法治体系、建设社会主义法治国家的基本原则和根本目的。通过科学制定并有效实施关于社会主义市场经济、社会主义民主政治、社会主义先进文化、社会主义和谐社会、社会主义生态文明建设等方面的法律，有效推动经济、政治、文化、社会、生态文明五位一体的现代化建设总布局稳步发展，使人民群众的合法权益得到切实维护和不断发展，真正使中国特色社会主义法律体系成为维护人民利益的法律体系。

一、维护人民经济权益的市场经济法制

改革开放以来，我国逐渐改变单一公有制的经济结构和高度集中的计划经济体制，建立起以公有制为主体、多种所有制经济共同发展的经济制度和社会主义市场经济体制，为国民经济的迅速发展和人民生活水平的不断提高奠定了制度基础。"社会主义市场经济本质上是法治经济。使市场在资源配置中起决定性作用和更好发挥政府作用，必须以保护产权、维护契约、统一市

---

[1]《中共中央关于全面推进依法治国若干重大问题的决定》，《人民日报》2014年10月29日，第1版。

场、平等交换、公平竞争、有效监管为基本导向，完善社会主义市场经济法律制度。"①新时代，进一步健全和完善社会主义市场经济，切实发挥市场在资源配置中的决定性作用，更好发挥政府作用，确保人民群众的经济权益得到有效维护，需要更加健全和完善的市场经济法制，以提供更加有效的法律保障。

生产资料所有制形式是社会经济制度的核心，决定着一国的经济制度，是健全和完善市场经济法制的重点。有恒产者有恒心，良好的产权保护制度是维护人民合法经济权益、确保人民群众经济活动安全和生活水平不断提高的基本条件。我国宪法规定："公民的合法的私有财产不受侵犯。"物权法规定："国家、集体、私人的物权和其他权利人的物权受法律保护，任何单位和个人不得侵犯。"党的十八届四中全会也指出："健全以公平为核心原则的产权保护制度，加强对各种所有制经济组织和自然人财产权的保护，清理有违公平的法律法规条款。创新适应公有制多种实现形式的产权保护制度，加强对国有、集体资产所有权、经营权和各类企业法人财产权的保护。"②这一系列的法律法规和指导法治建设的政策文件均明确规定了产权制度，具体落实了以公有制为主体、多种所有制经济共同发展的基本经济制度，将国家关于经济制度的原则性规定和政策主张具体化为对物权或者说财产权利的具体保障，平等保护国家、集体和个人的合法财产，为社会主义市场经济的不断发展和人民经济权益的有效维护提供了最基本的法律制度规范。

产权制度的确立和人民群众财产权益的维护并不仅限于有形的物质财富，还包括具有相当经济价值的知识产权。随着科学技术的不断发展，社会生产和社会生活的形态发生了巨大变化。传统的物质生产虽然仍然占据着社会生产的基础性地位，但以满足人民精神需求为指向的社会精神生产不断发展，精神产品的种类和数量不断增加，如何有效维护精神产品生产者的合法权益，确保精神生产者的知识产权，成为国家市场经济法制建设的重要内容。"1982年制定的商标法是中国开始系统建立现代知识产权法律制度的重要标

---

① 《中共中央关于全面推进依法治国若干重大问题的决定》，《人民日报》2014年10月29日，第1版。

② 《中共中央关于全面推进依法治国若干重大问题的决定》，《人民日报》2014年10月29日，第1版。

志，为进一步提高中国的知识产权保护水平，并适应加入世界贸易组织的需要，中国不断健全知识产权法律制度，先后多次对专利法、商标法、著作权法等法律法规进行修改，在立法原则、权利内容、保护标准、法律救济手段等方面，更加突出对促进科技进步与创新的法律保护。"[1]自那时起，中国为有效保护各类市场主体的知识产权权益，先后"颁布实施了专利法、商标法、著作权法和计算机软件保护条例、集成电路布图设计保护条例、著作权集体管理条例、信息网络传播权保护条例、植物新品种保护条例、知识产权海关保护条例、特殊标志管理条例、奥林匹克标志保护条例等以保护知识产权为主要内容的一大批法律法规"[2]。这些法律制度为维护和保障精神产品生产者对自身劳动成果的合法权益，防止他人对公民知识产权的不法侵犯发挥了重要作用，对鼓励精神产品的生产和科技研发的进步发挥了重要作用。

市场经济是平等主体间通过商品交换实现产品社会性的经济形态。在市场经济条件下，商品交换的双方必须将对方当作可以自由处分商品的占有者，这是实现正常商品交换、推动市场经济繁荣发展的最基本条件。我国市场经济法制对产权制度的保障和对个人产权的维护，一方面直接防止了人民群众的合法财产受到不法侵害，给人民的财产安全提供了基本的制度保障和安定的社会环境，从而为人民群众经济权益的维护提供了必要条件；另一方面，健全的产权制度和稳定清晰的财产归属，为市场经济的正常运转和商品交换的正常开展提供了必要条件，从而为社会生产的不断扩大和社会财富的不断增加提供了良好的社会环境。而丰富的物质文化财富又为人民群众生活水平的提高奠定了坚实基础，从而在更高层次和更深层面上使得人民的经济权益得到进一步丰富和发展。可见，市场经济法制的建立和完善不仅能够为人民群众带来直接的保障，还能够为人民群众财产性利益的增加和社会财富的不断增长创造必要条件。

健全完善的产权制度是市场经济得以正常运行的基本保障，是人民群众合法经济权益得到有效保障的基本条件。进一步为市场经济的运行提供更加细致和全面的运行规则，为各类市场主体和市场行为提供明确遵循，是进一步维护和发展人民群众经济权益的重要保障。党的十八届四中全会提出："加

---

① 《中国特色社会主义法律体系》，《人民日报》2010年10月28日，第14～15版。
② 《中国特色社会主义法律体系》，《人民日报》2010年10月28日，第14～15版。

强市场法律制度建设，编纂民法典，制定和完善发展规划、投资管理、土地管理、能源和矿产资源、农业、财政税收、金融等方面法律法规，促进商品和要素自由流动、公平交易、平等使用。"①为健全市场交易法律规范，以国家法律保障经济活动的正常开展和市场行为的有效进行提供了明确指南。

民法典在我国民商事法律体系中居于基础地位，规定了人民群众的基本民事权利和市场主体开展民商事活动应当遵循的基本原则、基本规范、基本要求，是健全市场经济法制，确保人民群众民商事活动有序开展的基本法律规范。其总则的制定和通过是我国法律制度发展道路上的里程碑。2017年，时任全国人大常委会副委员长李建国在十二届全国人大五次会议上就提请审议的《民法总则》进行说明时指出："通过编纂民法典，健全民事法律秩序，就是要加强对民事主体合法权益的保护，更好地维护人民群众的切身利益。"②明确指出了编纂民法典的价值取向和最终目的。同时指出："我国民事立法秉持民商合一的传统，通过编纂民法典，完善我国民商事领域的基本规则，为民商事活动提供基本遵循，就是要健全市场秩序，维护交易安全，促进社会主义市场经济健康发展。"③凸显了《民法总则》在我国民事法律体系中的基础地位，其中规定的平等原则、自愿原则、公平原则、诚信原则、公序良俗原则、绿色原则成为我国民事法律体系普遍适用的基本原则，其中的法人制度、法律行为制度、代理制度、诉讼时效等规定成为贯穿我国民事法律体系的基本制度，这些原则和制度的规定为我国民事法律的体系化建设提供了有效指引，为人民群众经济权益的保障提供了必要条件。

市场活动是平等主体间的商品交换，商品占有者的权利与义务是市场经济有效运行应当首先明确的必要前提。中国特色社会主义法律体系中关于市场主体的法律制度经历了由无到有并逐渐发展完善的历程，逐渐建立了适合社会主义市场经济运行的法律制度体系。改革开放以来，中国市场主体法律

---

①《中共中央关于全面推进依法治国若干重大问题的决定》，《人民日报》2014年10月29日，第1版。

②《中华人民共和国第十二届全国人民代表大会第五次会议文件汇编》，人民出版社2017年版，第185页。

③《中华人民共和国第十二届全国人民代表大会第五次会议文件汇编》，人民出版社2017年版，第186页。

制度经历了以所有制为导向向以组织和责任形式为导向的立法的转变，适应了市场经济对市场主体的基本要求。《公司法》《合伙企业法》《个人独资企业法》《商业银行法》《农民专业合作社法》等法律，确认各类市场主体的合法地位，保障其公平参与市场竞争。其中特别是《公司法》的制定和完善为建立符合现代经济运行要求的市场主体制度提供了有效法律构架。《公司法》确立了有限责任公司和股份有限公司等基本制度，完善了公司治理结构，为建立现代企业制度、保障公司投资者和利益相关人的合法权益奠定了制度基础。企业是市场的细胞，是社会生产和交易的重要主体，现代市场经济的运行离不开各类企业的有效经营。《公司法》的制定和完善为建立现代企业制度提供了制度依据，公司制度的有限责任、专业管理和永续存在等优势使得企业经营者的权利得到有效维护，能够使各种社会资源的活力竞相迸发，使一切创造财富的源泉充分涌流，从而为社会经济的发展进步和人民物质文化生活的进一步丰富提供基础，使人民群众的经济利益得到充分保障。

当今世界是开放的世界，中国的发展离不开与世界各国的合作与交流，中国特色社会主义法律体系中关于对外经济交流的法律法规为不断提高中国开放水平，扩大中国与世界的交流范围、加深中国与世界的交流程度提供了可靠保证。改革开放以来，我国先后制定了《中外合资经营企业法》《中外合作经营企业法》《外资企业法》《对外贸易法》《外商投资法》等一系列法律，为外国投资者在中国投资提供了多种模式或组织形式，充分保障了外国投资者在中国投资、开展经贸活动的合法权益，有效提升了对国际资源的利用水平，为我国经济的发展进步和人民群众经济权益的不断发展提供了更为便利的条件。通过不断扩大与世界的经济交流与合作，中国的国民经济和社会发展能够更好地利用世界资源，能够使人民群众与世界各国的资源和文化获得充分交流，从而在发展国民经济和社会生产的同时有力推动人民经济权益得到发展。

市场经济通过价格波动和竞争机制实现资源配置，一方面能够激发各类市场主体的活力，另一方面却不可避免地存在自发性、滞后性和盲目性，需要国家通过多种途径进行宏观调控，使"看不见的手"与"看得见的手"相互配合，共同在资源配置中发挥作用。为此，市场经济的有效运行不仅需要维护市场规则的法律法规，还需要规范国家宏观调控的法律法规，以法律的方式赋予国家管理市场活动、调控经济运行的职责与权力。党的十八届四中全会指出："依法加强和改善宏观调控、市场监管，反对垄断，促进合理竞争，维护公平竞争的市场秩序。"①将依法加强和改善宏观调控、维护公平合理的市场秩序作为法治建设的重要目标，为进一步完善宏观调控法律制度，使国家能够更好发挥自身调控经济的作用，推动国民经济又好又快发展，确保人民群众的经济权益得到有效维护和不断发展提供了基本遵循。

市场经济的平稳运行有赖于市场秩序的有效维护。由于市场经济的参与者均以追求自身利益最大化为目的，难免出现各种危害他人利益、损害社会公益的行为，这就需要国家加以规制。制定规范市场秩序的法律法规，以法律手段维护市场运行的正常秩序，是确保人民群众的经济利益在市场竞争中不受侵犯、推动市场交易正常进行的重要条件。改革开放以来，我国为规范市场运行先后出台了多部法律法规，其中，《反垄断法》《反不正当竞争法》规范了市场竞争行为，促进了垄断行业的改革，加强了政府监管和社会监督，并相应地确立了民事赔偿和行政赔偿并存的法律救济制度。《消费者权益保护法》《产品质量法》建立了保护消费者利益和保证产品质量的法律制度。《城市房地产管理法》建立了有利于城市房地产的管理、维护房地产市场秩序、保障房地产权利人合法权益的制度。《保险法》《证券法》《银行业监督管理法》《外汇管理条例》等法律法规，确立了以公开、公平、公正为价值取向的行业监督管理制度，以有效防范和化解金融风险。《直销管理条例》《商业特许经营管理条例》等法规也有效规范了市场行为。通过立法方式对不同领域市场行为进行规范，有效避免了市场经济的自发性和盲目性，使得市场主体间的竞争在合理合法的制度框架内进行，避免了以市场配置资源可能产生的消极效应，确保了市场资源配置作用的发挥与人民群众经济权益的增进同向同行，使市场经济的积极效用得以充分发挥。

市场经济的参与主体由于不能掌握市场整体状况和其他主体的经济决策，因而其行动难免带有盲目性，造成单纯的市场经济存在无法克服的内在弊病。为解决这一问题，需要国家综合运用多种手段对经济进行调控，以弥补市场本身的不足。运用法律手段对经济进行宏观调控是中国社会主义市场

---

① 《中共中央关于全面推进依法治国若干重大问题的决定》,《人民日报》2014年10月29日，第1版。

经济的一大特点。在充分发挥市场机制优化资源配置作用的同时，为促进国民经济又好又快地发展，《预算法》《审计法》《政府采购法》《价格法》《个人所得税法》《企业所得税法》《税收征收管理法》《中小企业促进法》等法律，对相关领域进行宏观调控依法作出规定。《中国人民银行法》等法律，为保持币值稳定、化解金融风险、保证金融安全提供了制度保障。《统计法》为国民经济和社会发展的科学决策提供了法律基础。宏观调控法律制度建设，有效地发挥了国家发展规划和产业政策在宏观调控中的导向作用，提高了宏观调控水平。这些法律法规授权政府采取适当方式对市场经济的运行给予必要干预，使政府能够有效化解经济运行过程中产生的风险和问题，使经济得以平稳有效运行，确保人民群众的经济权益随经济发展而不断增进。

二、维护人民政治权益的民主政治法制

政治权利是人民群众的根本权利，公民政治权利能否有效行使关系到社会主义民主能否得到切实保障，社会主义政治文明能否得到持续发展。"制度化、规范化、程序化是社会主义民主政治的根本保障。"[1]为维护公民政治权利，必须加强法治，以法律手段保障公民政治权利。改革开放之初，邓小平同志在党的十一届三中全会上指出："为了保障人民民主，必须加强法制。必须使民主制度化、法律化，使这种制度和法律不因领导人的改变而改变，不因领导人的看法和注意力的改变而改变。"[2]只有切实运用法治手段规范权力的运行，实现国家政治生活的制度化、法治化，避免个人专断和家长制作风，才能确保公民的人身自由和人格尊严，广大人民群众才有可能积极踊跃地行使自身民主权利，才能为我国政治文明的持续进步和人民群众政治权益提供切实保障。为此，应当"以保障人民当家作主为核心，坚持和完善人民代表大会制度，坚持和完善中国共产党领导的多党合作和政治协商制度、民族区

---

① 《中共中央关于全面推进依法治国若干重大问题的决定》，《人民日报》2014年10月29日，第1版。

② 《邓小平文选》第二卷，人民出版社1994年版，第146页。

域自治制度以及基层群众自治制度，推进社会主义民主政治法治化。"①通过宪法法律的修改和完善推动国家政治制度的不断健全，为人民政治权益的有效维护提供必要前提。

宪法是我国的根本大法，在中国特色社会主义法律体系中居于基础地位，依法治国首先要依宪治国，提高宪法权威，确保国家各项工作都在宪法框架内展开。列宁指出："宪法就是一张写着人民权利的纸。"② "公民的基本权利和义务是宪法的核心内容，宪法是每个公民享有权利、履行义务的根本保证"③，确保公民各项权利，特别是政治权利的有效行使是我国宪法的基本目标。中国宪法全面规定了公民的基本权利和自由，制定了一系列保障人权的法律法规，建立了较为完备的保障人权的法律制度，依法保障公民的生存权和发展权，公民的人身权、财产权和宗教信仰自由、言论出版自由、集会结社自由、游行示威自由以及社会保障权、受教育权等经济、政治、社会、文化权利得到切实维护。这对公民基本权利的全面规范一方面具有宣示作用，体现了国家对公民权益的重视和维护。另一方面对国家法律具有引领指导作用。由于宪法在我国国家法律体系中具有最高效力，其他法律都不得违背宪法。宪法赋予公民的基本权利经由民法、刑法、行政法等部门法的细化更加明确，这些部门法对公民基本权利的规定不能与宪法相违背，只能在贯彻宪法规范的情况下对公民基本权利作具体规定。通过宪法和法律的规定，公民政治权益得到了有效保障。

宪法是近代资产阶级革命的产物，西方国家的资产阶级在取得革命胜利、推翻封建专制政权之后将其所宣扬的自由、民主、人权等内容写入宪法，并宣示公民所享有的言论、出版、集会、结社、游行等政治权利，实现了法律上的自由平等。但是，由于资本主义国家实行的生产资料私有制，以无产阶级为代表的广大人民群众在无法实际掌握生产资料的情况下难以真正享有宪法所赋予的政治权利。宪法所规定的自由对无产阶级而言只是出卖劳动力的自由，宪法所规定的平等只是市场交换的平等，宪法所规定的人权也只是纸

①《中共中央关于全面推进依法治国若干重大问题的决定》，《人民日报》2014年10月29日，第1版。
②《列宁全集》第十二卷，人民出版社1987年版，第40页。
③《习近平谈治国理政》，外文出版社2014年版，第140页。

面上的人权，资产阶级宪法这些形式上的规定在现实中无法实现。《中华人民共和国宪法》第一条明确规定：中华人民共和国是工人阶级领导的、以工农联盟为基础的人民民主专政的社会主义国家。社会主义制度是中华人民共和国的根本制度。中国共产党领导是中国特色社会主义最本质的特征。禁止任何组织或者个人破坏社会主义制度。将社会主义制度确定为我国根本社会制度，指出了中国共产党的领导是中国特色社会主义的最本质特征，从而为真正实现人民当家作主，真正落实宪法所赋予的各种权利奠定了坚实基础。在此基础上，我国宪法还明确规定：中华人民共和国的社会主义经济制度的基础是生产资料的社会主义公有制，即全民所有制和劳动群众集体所有制。社会主义公有制消灭人剥削人的制度，实行各尽所能、按劳分配的原则。国家在社会主义初级阶段，坚持公有制为主体、多种所有制经济共同发展的基本经济制度，坚持按劳分配为主体、多种分配方式并存的分配制度。从而确立了社会主义的公有制，为人民群众政治权益的实现奠定了坚实物质基础。而建立在公有制基础上的人民代表大会制度、中国共产党领导的多党合作和政治协商制度、民族区域自治制度、基层民主制度等政治制度则为人民群众政治权利的行使提供了有效途径和现实保障。

法律的实施离不开人民的信仰。切实落实宪法规定，更加有效地保障宪法赋予人民群众的政治权益，应当更加注重对全体人民宪法意识的培养，在全社会范围内牢固设立宪法权威。习近平总书记在纪念"八二宪法"实施30周年纪念大会上指出："我们要通过不懈努力，在全社会牢固树立宪法和法律的权威，让广大人民群众充分相信法律、自觉运用法律，使广大人民群众认识到宪法不仅是全体公民必须遵循的行为规范，而且是保障公民权利的法律武器。"①宪法只有被信仰才能有权威，而具备了权威的宪法才能在社会生活中真正发挥规范作用。这种权威的培养有赖于全体人民思想认识水平和法治意识的不断提升，特别是对自身所拥有的政治权利的珍惜和重视。只有人民群众倍加珍惜并积极行使自身所享有的政治权利，坚决抵制和反对一切侵犯自身权利的行为，在全社会范围内形成捍卫宪法、崇尚权利的良好风气，才能为宪法的真正落实和人民政治权利的有效行使营造良好环境。其中各级领

①《十八大以来重要文献选编》上，中央文献出版社2014年版，第91页。

导干部的宪法意识和权利意识又具有关键作用。只有在广大领导干部中牢固树立起权利意识和宪法意识，充分认识到人民群众的政治权利不可侵犯，才能自觉有效地创造条件推动公民政治权利得到实施，严格按照宪法法律履行职责，避免公民政治权利遭受侵犯，使宪法规定的公民政治权利真正落到实处。

人民代表大会制度是我国根本政治制度，是人民政治权利的根本保障，通过宪法法律对我国人民代表大会制度作出规定，规范全国人民代表大会和地方各级人民代表大会的选举、职权和运行机制，对确保人民政治权利得到有效行使，确保人民当家作主的根本权利能够通过全国人民代表大会制度这一国家政权的组织形式得到实现具有重要意义。政权组织形式，又叫政体，是一个国家的统治阶级实现阶级统治的重要形式，如何建构共产党领导下的人民民主专政国家的有效组织，是党长期以来一直思考的重要问题。早在1940年，毛泽东同志就说道："没有适当形式的政权机关，就不能代表国家。中国现在可以采取全国人民代表大会、省人民代表大会、县人民代表大会、区人民代表大会直到乡人民代表大会的系统，并由各级代表大会选举政府。"[①]新中国成立前夕，中共中央与民主人士协商确定新中国将实行民主集中制的人民代表大会制度。1949年9月，具有临时宪法地位的《中国人民政治协商会议共同纲领》庄严宣告，新中国实行人民代表大会制度。1954年9月，一届全国人大一次会议通过的《中华人民共和国宪法》明确规定：中华人民共和国的一切权力属于人民。人民行使权力的机关是全国人民代表大会和地方各级人民代表大会。以国家根本大法的形式将我国的根本政治制度规定了下来。第一届全国人民代表大会第一次会议的召开和1954年中华人民共和国宪法的颁布标志着人民代表大会制度在我国确立起来。习近平总书记在庆祝全国人民代表大会成立60周年的大会上指出："在中国实行人民代表大会制度，是中国人民在人类政治制度史上的伟大创造，是深刻总结近代以后中国政治生活惨痛教训得出的基本结论，是中国社会100多年激越变革、激荡发展的历史结果，是中国人民翻身作主、掌握自己命运的必然选择。"[②]60多年的实践证明，人

①《毛泽东选集》第二卷，人民出版社1991年版，第677页。
② 习近平：《在庆祝全国人民代表大会成立60周年大会上的讲话》，人民出版社2014年版，第4～5页。

民代表大会制度是适合中国国情，顺应时代潮流，维护人民权益的好制度，应当倍加珍惜、始终坚持、不断发展，通过不断完善宪法法律的相关规定推进全国人大工作的制度化、法治化水平不断提升，为更好维护和更加充分地实现人民政治权益提供有力保障。

以宪法法律规范全国人大工作，确保人民当家作主的政治权利得到更好行使，核心是要维护人民民主。"人民当家作主是社会主义民主政治的本质和核心。人民民主是社会主义的生命。没有民主就没有社会主义，就没有社会主义的现代化，就没有中华民族伟大复兴。我们必须坚持国家一切权力属于人民，坚持人民主体地位，支持和保证人民通过人民代表大会行使国家权力。"[1]为实现确保人民民主的规范目的，宪法法律做了多方规定。《中华人民共和国宪法》第五十九条规定：全国人民代表大会由省、自治区、直辖市、特别行政区和军队选出的代表组成。各少数民族都应有适当名额的代表。有效保证了人大代表分布的广泛性，确保不同地区、不同行业、不同民族都有自己的代表，为保障全国人民代表大会有效体现人民意志，切实代表人民利益提供了重要保证。《全国人民代表大会组织法》第四十一条规定："全国人民代表大会代表应当同原选举单位和人民保持密切联系，可以列席原选举单位的人民代表大会会议，听取和反映人民的意见和要求，努力为人民服务。"[2]明确要求全国人民代表大会代表广泛联系人民群众，听取群众意见，反映群众呼声，维护群众利益，确保人民选举出来的代表能够真正代表人民，从而使人民群众的政治权利得到有效保证。

"制定和修改刑事、民事、国家机构的和其他的基本法律"是全国人大的一项重要职能，保障人民的政治权益，确保人民选举的人大代表切实为人民谋利益，应当着力通过法律法规改善和提升人大的立法水平，推动立法的科学化、民主化，使法律真正成为人民意志的集中体现。在有关立法工作的各项法律法规中，《中华人民共和国立法法》居于最高地位，对我国立法工作的开展发挥了很大的规范作用，它对全国人大的立法职权和立法程序作了明确规定，为人大立法工作的正常有序开展提供了法律依据。其中关于"犯罪和

---

① 习近平：《在庆祝全国人民代表大会成立60周年大会上的讲话》，人民出版社2014年版，第7页。

②《中华人民共和国第五届全国人民代表大会文件》，人民出版社1983年版，第188页。

刑罚、对公民政治权利的剥夺和限制人身自由的强制措施和处罚、司法制度"等事项的立法保留，确立了全国人大在直接关系人民群众人身自由和政治权利的事项上的专属立法权，而不允许行政机关通过行政条例的方式加以干预。这一规定使得人民的人身自由和政治权利有了更加充分的保障，是通过规范立法确保人民权利的典型例证。

人民代表大会制度是我国的根本政治制度，以宪法法律健全和完善这一政治制度是维护人民群众政治权益，确保人民民主有效实现的重要途径。同时，构成我国政治制度整体的还有中国共产党领导的多党合作和政治协商制度、民族区域自治制度和基层民主制度，这些基本政治制度和其他具体的政治体制机制共同确保人民政治权益的有效实现。以法律形式健全和完善基本政治制度，是运用法律保障公民政治权益的重要途径。

新民主主义革命时期，中国共产党与各民主党派打下了长期合作的坚实基础。1948年中国共产党为召集各民主党派建立新中国发出"五一"口号并得到各民主党派积极响应，为实现协商建国提供了准备。1949年9月召开的中国人民政治协商会议在全国人大尚不具备召开条件的情况下临时代行全国人大职权，通过了《中国人民政治协商会议共同纲领》这一具有临时宪法性质的重要文件，为新中国的成立和人民权益的维护提供了重要保障。自那时起，中国共产党领导的多党合作和政治协商制度便在中国的政治生活中发挥着巨大作用，各民主党派在中国共产党的领导下积极开展参政议政、民主协商，为新中国各项事业的发展建言献策，传达民意、吸纳民智、维护民权发挥了重要作用。我国宪法序言中明确规定的"中国共产党领导的多党合作和政治协商制度将长期存在和发展"为这一制度的存在和发展提供了法律保障。在广泛征求意见和深入研究的基础上，探索以国家法律的形式将政治协商制度的运行规则确定下来，对更好发挥政协参政议政职能，更好维护人民政治权益具有重要意义。

民族区域自治制度是我国一项基本政治制度，在我国政治生活中发挥着重要作用。1947年内蒙古自治区的成立标志着我国第一个省级民族区域自治地方的建立，在民族区域自治制度发展史上具有开创性意义。自那时起，我国民族区域自治制度在维护平等、团结、互助的民族关系，贯彻民族平等、民族团结、各民族共同繁荣的民族政策中发挥了重要作用。《中华人民共和国民族区域自治法》序言指出：实行民族区域自治，对发挥各民族人民当家作主的积极性，发展平等、团结、互助的社会主义民族关系，巩固国家的统一，促进民族自治地方和全国社会主义建设事业的发展，都起了巨大的作用。不断修改和完善民族区域自治法，以法律手段巩固和维护民族区域自治制度，充分发挥自治地方在立法、行政等方面的自治权，确保民族区域自治制度在维护民族区域自治地方，特别是当地少数民族权益方面的重要作用，是以法律保障公民政治权益的重要内容。

基层民主是广大人民群众直接行使民主权利的重要途径，是公民政治权利得到落实的直接体现。改革开放以来，我国先后制定了《中华人民共和国村民委员会组织法》和《中华人民共和国城市居民委员会组织法》，为建立和实施基层民主自治制度，保障公民的民主选举、民主管理、民主决策、民主监督发挥了重要作用。2018年新修订的《中华人民共和国村民委员会组织法》第一条规定：为了保障农村村民实行自治，由村民依法办理自己的事情，发展农村基层民主，维护村民的合法权益，促进社会主义新农村建设，根据宪法，制定本法。2018年新修订的《中华人民共和国城市居民委员会组织法》第一条则规定：为了加强城市居委会的建设，由城市居民群众依法办理自己的事情，促进城市基层社会主义民主和城市社会主义物质文明、精神文明建设的发展，根据宪法，制定本法。可见，村委会组织法和居委会组织法都是为了维护群众利益，发展基层民主而制定的国家法律，其对于保障公民政治权利的有效行使，培养公民民主意识，推进基层民主政治建设发挥着重要作用。

三、维护人民文化权益的文化建设法制

文化建设是社会主义现代化建设的重要组成部分，文化生活是人民群众美好生活的重要内容，不断健全和完善文化建设法制，运用法律法规保护公民文化权益，是构建维护人民利益法律体系的重要内容。党的十八届四中全会关于全面依法治国的决定指出："建立健全坚持社会主义先进文化前进方向、遵循文化发展规律、有利于激发文化创造活力、保障人民基本文化权益

的文化法律制度。制定公共文化服务保障法，促进基本公共文化服务标准化、均等化。制定文化产业促进法，把行之有效的文化经济政策法定化，健全促进社会效益和经济效益有机统一的制度规范。制定国家勋章和国家荣誉称号法，表彰有突出贡献的杰出人士。加强互联网领域立法，完善网络信息服务、网络安全保护、网络社会管理等方面的法律法规，依法规范网络行为。"①这为文化法制建设指明了方向。为加强和改进文化法制建设，为维护公民文化权益提供切实有效的法律保障，应当在全社会着力弘扬社会主义核心价值观念，将社会主义核心价值观融入法治建设；应当着力加强文化公共服务方面的法律制度，为社会文化服务的均等化、优质化提供法律保障；应当着力加强互联网立法，以法律的形式规范互联网发展，杜绝法外之地，使互联网真正为满足人民群众日益增长的文化需求服务。

"社会主义核心价值观是社会主义法治建设的灵魂。把社会主义核心价值观融入法治建设，是坚持依法治国和以德治国相结合的必然要求，是加强社会主义核心价值观建设的重要途径。"②价值观是一个国家文化最深层的底色。弘扬和发展社会主义核心价值观是加强中国特色社会主义文化建设，真正满足人民日益增长的文化需求的重要内容。构建维护人民文化权益的中国特色社会主义法律体系，以法律法规维护人民文化权益，应当将为社会主义核心价值观提供法律保障放在重要位置，而将社会主义核心价值观融入法治建设，确保中国特色社会主义法律体系的各项法律制度切实体现社会主义核心价值观则是落实核心价值观的重要途径。当前，我国法律体系与社会主义核心价值观基本上是一致的，但是"与推进国家治理体系和治理能力现代化建设的要求相比，把社会主义核心价值观融入法治建设还存在不小差距。有的法规和政策价值导向不鲜明，针对性、可操作性不强，保障不够有力；一些地方和部门在执法司法过程中存在与社会主义核心价值观要求不符的现象；部分社会成员尊法学法守法用法意识不强，全民法治观念需要进一步提高，等等。要从巩固全体人民团结奋斗的共同思想道德基础的战略高度，充分认识把社

---

① 《中共中央关于全面推进依法治国若干重大问题的决定》，《人民日报》2014年10月29日，第1版。

② 《中共中央办公厅 国务院办公厅印发〈关于进一步把社会主义核心价值观融入法治建设的指导意见〉》，《人民日报》2016年12月26日第1、5版。

会主义核心价值观融入法治建设的重要性紧迫性，切实发挥法治的规范和保障作用，推动社会主义核心价值观内化于心、外化于行。"①进一步将社会主义核心价值观融入法治建设，构建体现社会主义核心价值观的法治体系，应当从立法、执法、司法、守法等法治建设的各个工作环节入手，坚持立、改、废、释并举，构建符合社会主义核心价值观念的法律体系；坚持严格执法，将法律法规所蕴含的核心价值观念转化为执法实践；坚持公正司法，将社会主义核心价值观念的要求贯彻到每个案件当中；努力实现全民守法，增强全社会的法治观念，以全体公民对社会主义核心价值观的深刻认同为法治建设提供最深厚的基础。

解决新时代中国社会主要矛盾，不断满足人民日益增长的美好生活需要，应当努力改善公共文化服务，提供更多优秀的精神食粮。党的十九大报告指出："要深化文化体制改革，完善文化管理体制，加快构建把社会效益放在首位、社会效益和经济效益相统一的体制机制。完善公共文化服务体系，深入实施文化惠民工程，丰富群众性文化活动。"②党的十八大以来，党中央高度重视文化建设体制机制的健全和完善，公共文化服务水平不断提高，文化建设法律规范不断健全，为更好维护人民文化权益，2016年制定通过的《中华人民共和国公共文化服务保障法》为新时代文化建设，特别是公共文化服务的提供奠定了法律基础。《中华人民共和国公共文化服务保障法》规定："公共文化服务应当坚持社会主义先进文化前进方向，坚持以人民为中心，坚持以社会主义核心价值观为引领；应当按照'百花齐放、百家争鸣'的方针，支持优秀公共文化产品的创作生产，丰富公共文化服务内容。"③该法律为公共文化服务的提供制定了基本原则，突出强调了社会主义文化公共服务以人民为中心的价值取向和社会主义核心价值观对公共文化产品的引领作用，同时倡导"百家齐放、百花争鸣"的创作方针，为公共文化产品的不断丰富提供了良好、宽松的环境。该法通过对公共文化设施建设与管理、公共文化服

---

① 《中共中央办公厅　国务院办公厅印发〈关于进一步把社会主义核心价值观融入法治建设的指导意见〉》，《人民日报》2016年12月26日第1、5版。

② 习近平：《决胜全面建成小康社会　夺取新时代中国特色社会主义伟大胜利——在中国共产党第十九次全国代表大会上的报告》，人民出版社2017年版，第44页。

③ 《中华人民共和国公共文化服务保障法》，《人民日报》2017年2月3日，第4版。

务提供、相应保障措施、相关法律责任等方面的规范，使得公共文化产品既能够弘扬主旋律，又能够多样化，既能有效引导和不断提高人民群众的文化欣赏水平，又能够满足人民群众日益增长的文化需求，为人民群众文化权益的切实维护和有效实现提供了法律保障。

网络空间是新兴的信息传播渠道，是新时代人民群众满足自身精神文化需求的重要途径。运用国家法律为网络建设制定基本规范，确保人民群众能够通过网络获得优质文化产品，是维护人民群众文化权益的重要内容。为此，国家出台了系列规定办法，这些规定、办法明确了互联网信息提供者应当遵循的信息发布准则，有效禁止了不符合社会主义核心价值观念与人民群众精神文化需求的不良信息在网上的传播。

四、维护人民社会权益的社会治理法制

社会法是中国特色社会主义法律体系的重要组成部分。在市场经济条件下，由于自由竞争的广泛存在，部分经济活动参加者由于在自然和社会条件上存在相对差异，难免出现市场竞争力不足、收入分配差距过大等现象。这些现象的出现一方面影响部分人民群众的自身生活，另一方面也有悖于改革开放和进行社会主义现代化建设的初衷。为此，要不断改进社会立法，完善保障人民社会权益的社会治理法制，构建维护人民利益的法治体系。党的十八届四中全会指出："加快保障和改善民生、推进社会治理体制创新法律制度建设。依法加强和规范公共服务，完善教育、就业、收入分配、社会保障、医疗卫生、食品安全、扶贫、慈善、社会救助和妇女儿童、老年人、残疾人合法权益保护等方面的法律法规。加强社会组织立法，规范和引导各类社会组织健康发展。制定社区矫正法。"[1]通过社会治理各领域立法的协同推进，相互配合，共同为实现全体人民共同富裕，增强人民群众的获得感，使人民共享改革发展成果提供了条件。

我国是工人阶级领导的，以工农联盟为基础的人民民主专政的社会主义

---

[1]《中共中央关于全面推进依法治国若干重大问题的决定》,《人民日报》2014年10月29日，第1版。

国家。人民是国家的主人，而劳动人民则构成了人民这一政治性群体的主体。改革开放以来，随着社会主义市场经济的建立和经济社会的快速发展，劳动者的切身利益和生活水平都得到了极大保障和改善。但同时应当看到，由于市场经济各参与者间生产要素分配的不平等，劳动者在市场上往往容易受到不公正待遇，需要国家通过立法加以特别保护，运用国家强制力一定程度上纠正市场竞争造成的劳资双方的不平等，从而维护劳动者社会权益，确保劳动者切身利益。《中华人民共和国劳动法》第1条规定：为了保护劳动者的合法权益，调整劳动关系，建立和维护适应社会主义市场经济的劳动制度，促进经济发展和社会进步，根据宪法，制定本法。以国家法律的形式明确宣示了劳动立法的根本目的，为运用劳动法维护劳动者合法权益提供了基本指南。

　　组织工会是工人联合起来维护自身利益的重要途径。由于资金、土地等生产要素的集中性和劳动力所固有的分散性，单个工人在与企业进行谈判中往往不占优势，难以有效维护自身利益，不能通过平等交流形成有利对价。为进一步促进和维护劳动者合法权益，鼓励支持劳动者通过工会这一组织维护自身合法利益，加强对工会工作的引导和支持。我国制定了工会法，并先后两次进行修订，确定了工会在国家政治、经济和社会生活中的地位，明确了工会的权利和义务，对工会依法维护劳动者的合法权益发挥了积极作用。通过对工会的组织目的、组织方式、权利义务、法律责任等内容的规定，使工会的运转具有了更加明确的法律依据，为工会更好发挥自身功能，更好维护工人利益提供了有效规范。

　　现代社会的发展从根本上破除了传统社会低效、缓慢的生活方式，生产力的巨大发展和生活节奏的不断加快，一方面使人民的日常生活得到极大改善，人民的生活质量得到极大提升。但另一方面社会的发展和生活节奏的加快也给社会运行带来巨大风险，处于社会中的个人随时面临各种不测，个人生活处于巨大的不确定性之中。为防范经济社会发展带来的社会风险，我国在长期实践中逐步建立起了社会保险制度，通过由社会分担个人生活中所承担的风险，使个人的生活得到相当保障，避免了个人因意外事件的发生而陷入生活困境。国家通过建立基本养老保险、基本医疗保险、工伤保险、失业保险和生育保险五种社会保险制度，使得公民在相应情况下获得必要的补助，进而使自身生活具有保障，避免了因年老、患病、工伤、生育等原因而致贫。

通过法律建设保障公民的社会权益，不仅要着眼于对普通公民的一般性保护，还要针对不同情况制定不同的保护措施，不断提升社会保障的针对性和有效性。在劳动法和社会保障法之外，我国还针对残疾人、老年人、妇女和儿童制定了专门的保障性法律，为维护其合法权利，增进其社会利益提供了有效保障。中国重视保障特殊群体的权益，制定了残疾人保障法、未成年人保护法、妇女权益保障法、老年人权益保障法、预防未成年人犯罪法等法律，在保护特殊群体权益方面形成了较为完备的法律制度，对于保护特殊群体合法权益，维护社会公平正义，发挥了重要作用。这些法律的制定和实施，一方面避免了这些特殊群体的合法权益受到不正当侵害，另一方面则有助于调动特殊群体参与社会主义建设的积极性、主动性、创造性，为更好促进经济社会发展贡献力量。

五、维护人民生态权益的生态保护法制

生态权益是人民群众的重要权益，通过法律维护人民群众的切实利益，进而密切党和人民群众的血肉联系，不仅需要着力维护人民群众的经济权益、政治权益、文化权益、社会权益，还要维护人民群众的生态权益。党的十八大将生态文明建设列入我国现代化建设的总布局，将"四位一体"的总布局发展成为"五位一体"，凸显了加强生态文明建设，维护人民群众生态权益的重要地位。党的十九大报告在此基础上进一步提出："我们要建设的现代化是人与自然和谐共生的现代化，既要创造更多物质财富和精神财富以满足人民日益增长的美好生活需要，也要提供更多优质生态产品以满足人民日益增长的优美生态环境需要。必须坚持节约优先、保护优先、自然恢复为主的方针，形成节约资源和保护环境的空间格局、产业结构、生产方式、生活方式，还自然以宁静、和谐、美丽。"①

---

① 习近平：《决胜全面建成小康社会 夺取新时代中国特色社会主义伟大胜利——在中国共产党第十九次全国代表大会上的报告》，人民出版社2017年版，第50页。

　　切实维护人民群众生态权益，加快建设美丽中国，离不开环境保护法律制度的建设，应当将环境保护法律制度建设作为中国特色社会主义法律体系建设的重要组成部分，将习近平总书记提出的"绿水青山就是金山银山"等关于环境保护重要论述的精神贯穿到具体的法律制度建设中，推动环境保护法律制度建设有效前进。为此，党的十八届四中全会通过的《关于全面依法治国若干重大问题的决定》指出："用严格的法律制度保护生态环境，加快建立有效约束开发行为和促进绿色发展、循环发展、低碳发展的生态文明法律制度，强化生产者环境保护的法律责任，大幅度提高违法成本。建立健全自然资源产权法律制度，完善国土空间开发保护方面的法律制度，制定完善生态补偿和土壤、水、大气污染防治及海洋生态环境保护等法律法规，促进生态文明建设。"[1]通过对土壤、水、大气、海洋等生态环境保护方面的立法，明确各类社会主体在保护环境中的职责和义务，严格对环境破坏者的追责和惩处，提高破坏环境的违法成本，进而有效约束企业等社会组织和个人在生产生活中对环境的影响，避免环境因人为影响受到破坏，为加强和改进生态保护、建设美丽中国提供可靠法律保障。

　　在我国环境保护法律体系中居于基础地位的是《中华人民共和国环境保护法》，它规定了环境保护的主体、客体、基本原则和主要规范，对我国环境保护制度的构建和人民环境权益的保护发挥着基础性作用。1979年9月，党中央决定将工作重心转移到经济建设上来不久，全国人大常委会就制定通过了《中华人民共和国环境保护法（试行）》，明确规定了"保证在社会主义现代化建设中，合理地利用自然环境，防治环境污染和生态破坏，为人民造成清洁适宜的生活和劳动环境，保护人民健康，促进经济发展"的基本任务，并从保护自然环境、防治污染和其他公害、环境保护机构和职责、科学研究和宣传教育等方面具体规定了我国环境保护工作应当遵循的基本规范。但由于这一法律对实践中许多行之有效的制度没有加以规定，例如"只规定超标准排污要征收排污费，没有规定对排放某些污染物，虽然没有超标准排放，也应当征收排污费；没有规定排放污染物许可证制度；没有设专章规定法律责任，只是对惩罚作了一条笼统的规定"。基于此，1989年，全国人大常委会对其进

---

[1]《中共中央关于全面推进依法治国若干重大问题的决定》，《人民日报》2014年10月29日，第1版。

行修订并制定了《中华人民共和国环境保护法》，使我国环境保护法律制度更加健全和完善。随着经济社会的发展，该法的许多具体规定不再能适应我国环境保护工作的需要，应当进一步加以完善。2014年，全国人大常委会全面修改了《中华人民共和国环境保护法》（以下简称《环境保护法》），为新时代更好推进环境保护工作提供了基本法律依据。

《环境保护法》规定：环境保护坚持保护优先、预防为主、综合治理、公众参与、损害担责的原则。并将"环境保护"的基本国策以法律的形式固定下来，为我国环境保护事业提供了法律指引，为其他环境保护法律的制定、修改、清理和解释提供了基本遵循。

为保护公众环境权益，《环境保护法》首先规定了政府对环境保护的监督管理责任，明确做出"县以上人民政府应当将环境保护工作纳入国民经济和社会发展规划"，"国务院环境保护主管部门制定国家环境质量标准"，"国务院环境保护主管部门根据国家环境质量标准和国家经济、技术条件，制定国家污染物排放标准"、"国家建立、健全环境监测制度"等规定，为全国各级政府积极履行环境保护的行政职责，切实将环境保护工作纳入国民经济和社会发展规划，制定相应的环境标准和环境监督机制，发挥政府在环境保护中的重要作用，代表人民群众有力维护自身权益，为全国各项环境保护事业的有效开展提供了基本保障。

在各项环境保护措施中，《环境保护法》专门规定了政府和企业防治污染和其他公害的责任，对政府在控制污染物排放和公害发生等方面应当履行的职责作出了具体规定。"国家促进清洁生产和资源循环利用"，"建设项目中防治污染的设施，应当与主体工程同时设计、同时施工、同时投产使用。防治污染的设施应当符合经批准的环境影响评价文件的要求，不得擅自拆除或者闲置"，"国家实行重点污染物排放总量控制制度"，"国家依照法律规定实行排污许可管理制度"，"国家对严重污染环境的工艺、设备和产品实行淘汰制度"，等等。这些控制污染物排放方面的法规和其他规范从政府和企业两个层面明确了不同社会主体在防治污染过程中应当履行的具体责任，既有整个社会层面的总量控制的制度设计，又有关于具体企业在规划、施工、生产、运输、销售、技术更新等各个环节应当遵循的环境保护规范，确保企业在整个生产过程中始终将环境保护放在重要位置，防止因生产造成环境污染，使社会生产与环境保护能够同时同向取得进步。

　　人民群众是公众环境权益的享有者，是环境保护的直接参与者，实施环境保护，有效治理环境污染，保障人民群众的环境权益，需要紧紧依靠人民群众，确保人民群众的知情权和监督权，实现环境保护相关信息的公开，推动环境保护领域的公众参与。为确保人民群众的知情权，《环境保护法》规定：公民、法人和其他组织依法享有获取环境信息、参与和监督环境保护的权利。各级人民政府环境保护主管部门和其他负有环境保护监督管理职责的部门，应当依法公开环境信息、完善公众参与程序，为公民、法人和其他组织参与和监督环境保护提供便利。从而以法律的形式确立了社会公众对获取环境信息、参与和监督环境保护的权利，为充分发动社会公众的力量实施环境保护提供了法律依据。

　　此外，2017年新修订的《中华人民共和国民事诉讼法》在《环境保护法》基础上进一步规定：对污染环境、侵害众多消费者合法权益等损害社会公共利益的行为，法律规定的机关和有关组织可以向人民法院提起诉讼。人民检察院在履行职责中发现破坏生态环境和资源保护、食品药品安全领域侵害众多消费者合法权益等损害社会公共利益的行为，在没有前款规定的机关和组织或者前款规定的机关和组织不提起诉讼的情况下，可以向人民法院提起诉讼。前款规定的机关或者组织提起诉讼的，人民检察院可以支持起诉。进一步放宽了环境公益诉讼主体的限制，并允许人民检察院出于维护公众环境权益的目的提起环境公益诉讼，为更好发挥环境公益诉讼职责，更好维护人民群众的环境权益提供了便利。

第五章 保障执政为民的党内法规体系

2016年下发的《中共中央关于加强党内法规制度建设的意见》指出："加强党内法规制度建设，是全面从严治党、依规治党的必然要求，是建设中国特色社会主义法治体系的必然要求，是推进国家治理体系和治理能力现代化的重要保障，事关党长期执政和国家长治久安。"[①]不断加强和改进党的建设，始终保持党和人民的血肉联系，更加需要通过党内法规建设确保立党为公、执政为民的性质不改变，确保党全心全意为人民服务的初心和宗旨不改变。在党内法规体系中，党章是党的总章程，是党的根本大法，确立人民主体的根本理念，党的组织法规构建治国理政的领导核心，党的领导法规提供为民谋利的制度保障，党的建设法规保持服务人民的建党初心，党的监督法规规范人民赋予的公共权力，从而实现党内法规的各部门相互配合、共同发力，为党落实群众路线，密切与人民群众的血肉联系提供法规制度保障。

一、党的章程确立人民主体的根本理念

党的章程在党内法规体系中居于核心地位，遵守党内法规，按照党内法规的规定和要求办事，最根本的就是要遵守党的章程。中国共产党自成立之日起，就将"为中国人民谋幸福、为中华民族谋复兴"这一初心和使命写在了自己的章程上，以党内根本大法的形式将人民主体的价值理念确定下来，为保证这一价值理念落到实处、产生实效提供了有力的法规制度保障。1921年党的一大通过的《中国共产党纲领》规定："消灭资本家私有制，没收机器、

[①]《十八大以来重要文献选编》下，中央文献出版社2018年版，第509页。

土地、厂房和半成品等生产资料，归社会公有。"①将共产主义的理想写在了自己的章程上，也就是将推翻资本主义私有制，将由资本家占有生产资料的私有制转变成社会直接占有生产资料的公有制写进党章，为党始终将实现共产主义、实现广大人民群众的翻身和解放作为自己的奋斗目标提供了根本依据。

1945年召开的党的七大在总结民主革命时期党的建设正反两方面历史经验的基础上进一步修改和完善了党的章程，制定了民主革命时期最为成熟的一部党章，其中对人民主体理念做了明确规定。党的七大通过的《中国共产党党章》开篇即指出："中国共产党，是中国工人阶级的先进的有组织的部队，是它的阶级组织的最高形式。中国共产党代表中华民族与中国人民的利益。它在现阶段为实现中国的新民主主义制度而奋斗，它的最终目的，是在中国实现共产主义制度。"②从明确党的性质的角度确定了党始终代表中华民族与中国人民的利益，并以实现共产主义为最终目标。党的性质从根本上决定了党必须始终代表人民利益，为中国人民谋幸福，为中华民族谋复兴。

同时，为更好落实人民主体的价值理念，中共七大党章还进一步规定："中国共产党人必须具有全心全意为中国人民服务的精神，必须与工人群众、农民群众及其他革命人民建立广泛的联系。并经常注意巩固与扩大这种联系。每一个党员都必须理解党的利益与人民利益的一致性，对党负责与对人民负责的一致性。每一个党员都必须用心倾听人民群众的呼声和了解他们的需要，并帮助他们组织起来，为实现他们的需要而斗争。每一个党员都必须决心向人民群众学习，同时以革命精神孜孜不倦地去教育人民群众，启发与提高人民群众的觉悟。中国共产党必须经常警诫自己脱离人民群众的危险性，必须经常注意防止和清洗自己内部的尾巴主义、命令主义、官僚主义与军阀主义等脱离群众的错误倾向。"③落实人民主体的根本理念，不仅需要坚持全心全

---

① 《建党以来重要文献选编（1921—1949）》第一册，中央文献出版社2011年版，第1页。

② 《建党以来重要文献选编（1921—1949）》第二十二册，中央文献出版社2011年版，第533页。

③ 《建党以来重要文献选编（1921—1949）》第二十二册，中央文献出版社2011年版，第535页。

意为人民服务，真心实意为人民谋利益，同时需要贯彻群众路线，相信人民、依靠人民，虚心向人民群众学习，尊重人民群众的首创精神，通过不断提高和启发人民群众的觉悟，发动人民群众为实现自己的利益而斗争，从而真正尊重人民群众的历史主体地位，鼓励和支持人民群众自己创造自己的历史。同时需要避免两种错误倾向，一种是尾巴主义，即丧失党的先锋队性质，不注意根据实际情况适时提出正确的路线、方针、政策以引导群众，启发群众，而是一味跟在群众后面，忽视自身所承担的领导责任。一种则是官僚主义，即脱离群众、看轻群众，自以为高于群众，不注意倾听群众的意见和呼声，不去切实了解群众的真实利益和需求，不向人民群众学习，以自己的主观意愿代替人民群众的真实诉求，从而违背了党章的相关规定，使人民的主体地位难以得到充分体现，人民的切实利益得不到有效维护。

新中国成立前夕，党中央在河北省平山县西柏坡召开了影响深远的中共七届二中全会，毛泽东在会上提出了著名的"两个务必"，号召全党面对即将到来的革命胜利和社会主义现代化建设"务必继续地保持谦虚、谨慎、不骄、不躁的作风，务必继续地保持艰苦奋斗的作风"[1]。对全党继续坚持人民主体的价值理念，贯彻落实群众路线发挥了重要作用。新中国成立后，党带领人民恢复了国民经济、取得了抗美援朝战争的胜利，完成了土地改革，逐步实现了由新民主主义向社会主义的过渡，并在此过程中结合党在不同时期的中心工作开展了整党运动，初步总结了党执政以来的建设经验。在此基础上，1957年党的八大通过的《中国共产党章程》规定："因此，中国共产党和它的党员必须同工人、农民、知识分子和其他爱国人民建立广泛的密切的联系，并且经常注意扩大和巩固这种联系。每一个党员都应当理解党的利益和人民利益的一致性，对党负责和对人民负责的一致性，都必须全心全意地为人民群众服务，遇事同群众商量，倾听群众的意见，关心群众的痛痒，尽力帮助群众实现他们的要求。中国共产党已经是执政的党，因此特别应当注意谦虚谨慎，戒骄戒躁，并且用极大的努力在每一个党组织中，在每一个国家机关和经济组织中，同脱离群众、脱离实际生活的官僚主义现象进行斗争。"[2]同时要求每个党员"全心全意地为人民群众服务，密切同人民群众的联系，向

---

① 《毛泽东选集》第四卷，人民出版社1991年版，第1438～1439页。
② 《建国以来重要文献选编》第九册，中央文献出版社1994年版，第317～318页。

人民群众学习，虚心地听取并且及时地向党反映人民群众的要求和意见，向人民群众解释党的政策和决议。"①新中国成立后，党的工作重心由农村转向城市，由开展革命战争转向开展和平建设，党的地位也发生了变化，成了中国的执政党。在长期执政条件下，党内容易产生个人主义、享乐主义思想，容易滋生以功臣自居、停顿起来不想前进的情绪，容易产生官僚主义作风，部分党员可能以为自己处于执政地位，掌握着国家权力，就不愿意接近群众、了解群众，不愿意向群众学习，真正了解群众的疾苦和呼声，真正学习群众的智慧。针对这一特点，邓小平同志在党的八大上所做的《关于修改党的章程的报告》指出："如果正确地实行群众路线，使我们得到成功，那么，违背群众路线，就一定要使我们的工作遭受损失，使人民的利益遭受损失。如同前面已经说过的，由于我们党现在已经是在全国执政的党，脱离群众的危险，比以前大大地增加了，而脱离群众对于人民可能产生的危害，也比以前大大地增加了。因此，目前在全党认真地宣传和贯彻执行群众路线，也就有特别重大的意义。"②这突出强调了在执政条件下继续坚持党的群众路线，坚持人民主体根本理念的重要地位。与革命战争年代相比，党在执政条件下由于工作环境、主要任务等发生变化，因而更有可能产生官僚主义弊病，更有可能脱离群众，忽视群众的主体地位，而由此造成的危害也大大增加，需要党的各级组织和广大党员更加注重对群众主体地位的尊重，在开展各项工作中自觉、主动地联系群众，切实将党章中规定的人民主体理念落到实处。

　　1978年召开的党的十一届三中全会在总结新中国成立以来正反两方面历史经验教训的基础上作出了将工作重心转移到经济建设上来，实行改革开放的伟大决策，标志着新时期的开始。为从根本上纠正"左"倾错误思想，党重新确立了正确的思想路线、政治路线和组织路线。特别是为净化党员队伍，清除混入党内的投机分子，提升党员思想觉悟和水平，1982年党的十二大通过的《中国共产党章程》明确提出："全心全意为人民服务。党除了工人阶级和最广大人民群众的利益，没有自己特殊的利益。党的纲领和政策，正是工人阶级和最广大人民群众的根本利益的科学表现。党在领导群众为实现共产主义理想而奋斗的全部过程中，始终同群众同甘共苦，保持最密切的联系，

①《建国以来重要文献选编》第九册，中央文献出版社1994年版，第321页。
②《建国以来重要文献选编》第九册，中央文献出版社1994年版，第127~128页。

不允许任何党员脱离群众，凌驾于群众之上。党坚持用共产主义思想教育群众，并在自己的工作中实行群众路线，一切为了群众，一切依靠群众，把党的正确主张变为群众的自觉行动。"①并且要求"中国共产党党员必须全心全意为人民服务，不惜牺牲个人的一切，为实现共产主义奋斗终身"②。中共十二大党章是改革开放新时期制定的第一部党章，是对中共十一届三中全会以来党的路线、方针、政策的初步总结，对新时期党的建设具有重要的指导意义。中共十二大党章强调党必须全心全意为人民服务，党没有自己的特殊利益，党在任何时候都必须正确坚持群众路线，始终保持与人民群众的血肉联系，紧紧依靠人民群众开展各项工作。这一系列规定重新正确规范了党和群众的关系，强调了人民主体的价值理念，为新时期继续贯彻群众路线，加强和改进党的建设指明了方向。

经过改革开放40多年的快速发展，我国生产力水平大幅提高，综合国力不断增强，人民生活水平不断改善，国际地位和国际影响力持续增强，党的面貌、中国人民的面貌和中华民族的面貌发生巨大变化。在经济社会迅速发展的同时，党中央高度重视党的建设，突出强调党在改革开放新时期应着力坚持人民主体的根本理念，党章中的相应内容虽然随着时代变化而有所改变，但对人民利益的强调和对群众路线的坚持则始终不变。2017年党的十九大通过的党章继续坚持了人民主体的根本理念，明确提出："坚持全心全意为人民服务。党除了工人阶级和最广大人民群众的利益，没有自己特殊的利益。党在任何时候都把群众利益放在第一位，同群众同甘共苦，保持最密切的联系，坚持权为民所用、情为民所系、利为民所谋，不允许任何党员脱离群众，凌驾于群众之上。我们党的最大政治优势是密切联系群众，党执政后的最大危险是脱离群众。党风问题、党同人民群众联系问题是关系党生死存亡的问题。党在自己的工作中实行群众路线，一切为了群众，一切依靠群众，从群众中来，到群众中去，把党的正确主张变为群众的自觉行动。"③在中国特色社会主义新时代，加强和改进党的建设应当更加注重对人民主体理念的坚持和落实。应当清楚地认识到，党作为无产阶级的先锋队同时作为中国人民和中华

---

① 《十二大以来重要文献选编》上，人民出版社1986年版，第67页。
② 《十二大以来重要文献选编》上，人民出版社1986年版，第69页。
③ 《中国共产党第十九次全国代表大会文件汇编》，人民出版社2017年版，第77页。

民族的先锋队，最大的优势是密切联系人民群众，最大的危险是脱离人民群众，只有始终注意在实际工作中为了群众、依靠群众、联系群众，不断从人民群众中汲取智慧和力量，同时将党的方针政策传达到人民中，依靠群众、发动群众，通过群众的力量实现社会发展，真正尊重人民的历史主体地位，才能为实现新时代"两步走"的现代化强国战略目标提供可靠保障。

二、组织法规构建治国理政的领导核心

党的组织法规主要规范党的各级组织的产生、职权及其相互间关系，是规范各级组织运转的重要规范。《中共中央关于加强党内法规制度建设的意见》指出："完善党的组织法规制度，全面规范党的各级各类组织的产生和职责，夯实管党治党、治国理政的组织制度基础。"[1]通过加强党的组织法规建设，不断规范党的各级组织产生和运行方式，是确保党真正成为治国理政的领导核心，确保党能够有效担当人民赋予的使命任务的重要条件。

民主集中制是党的根本组织原则和组织制度，始终坚持贯彻执行民主集中制是党的一项优良传统，对确保党的团结统一，促进党内政治生活严肃认真，增强党的凝聚力和战斗力具有重要意义。1922年党的二大以接受第三国际加入条件的方式确立了民主集中制的组织原则。1927年中央政治局通过的《中国共产党第三次修正章程决案》提出"党部的指导原则为民主集中制"[2]，首次在党章中将民主集中制明确规定为党的指导原则。次年中共六大通过的党章则规定中国共产党的"组织原则为民主集中制"[3]，并将民主集中制细化为三项具体原则。1945年中共七大通过的党章将民主集中制明确定义为"在民主基础上的集中和在集中领导下的民主"[4]，并提出四个方面的基本条件。

---

① 《十八大以来重要文献选编》下，中央文献出版社2018年版，第511页。

② 《建党以来重要文献选编（1921—1949）》第四册，中央文献出版社2011年版，第268页。

③ 《建党以来重要文献选编（1921—1949）》第五册，中央文献出版社2011年版，第472页。

④ 《建党以来重要文献选编（1921-1949）》第二十二册，中央文献出版社2011年版，第538页。

至此，民主集中制在党章中得到了清晰而明确的规定。1980年党的十一届五中全会通过的《关于党内政治生活的若干准则》在新时期重申了"民主集中制是党的根本组织原则"①，并以党内法规的形式对这一原则的内涵作了更为具体和详细的阐释，为新时期拨乱反正，开创现代化建设新局面提供了有力的法规保障。

民主集中制是民主基础上的集中，不同于个人专制，又是集中指导下的民主，不同于极端民主化。它既注重党内民主的发扬，鼓励支持广大党员依照党内法规行使自身民主权利，发表自己的看法和观点，实现党内意见的交流和碰撞，为作出正确决策提供基础。又注重党内集中统一，按照党员个人服从党的组织，少数服从多数，下级组织服从上级组织，全党各个组织和全体党员服从党的全国代表大会和中央委员会的原则统一党的思想、政策和行动，在充分吸收全党意见的基础上作出统一决策和部署，并通过党的各级组织加以贯彻落实。习近平总书记在全国组织工作会议上指出："严肃党内政治生活，最根本的是认真执行党的民主集中制，着力解决发扬民主不够、正确集中不够、开展批评不够、严肃纪律不够等问题。"②当前开展全面从严治党、严肃党内政治生活，必须不断巩固和健全民主集中制，完善贯彻落实相应的具体制度规范，促使全体党员特别是各级领导干部按照民主集中制的原则讨论问题、开展工作、作出决策，既广泛发扬党内民主，又形成党内集中统一意志。

民主集中制既是组织原则又是党的根本组织制度，其基本内容在长期管党治党实践中保持不变，其具体规范和实现形式则随着党的任务和所面临的管党治党实际的不同而不同，有着鲜明的时代性。2016年党的十八届六中全会审议通过的《关于新形势下开展党内政治生活的若干准则》（以下简称《准则》）继承和重申了民主集中制的基本原则和一般规范，又结合党的十八大以来全面从严治党实践中发现的问题和产生的经验提出了许多新要求、作出了许多新规范，为在党内政治生活中更好地坚持民主集中制提供了依据和保障。《准则》规定："坚持集体领导制度，实行集体领导和个人分工负责相结合，是民主集中制的重要组成部分，必须始终坚持，任何组织和个人在任何情况

---

① 《关于党内政治生活的若干准则》，《人民日报》1980年3月15日。
② 《十八大以来重要文献选编》上，中央文献出版社2014年版，第352页。

下都不允许以任何理由违反这项制度。"①要求各级党委（党组）必须坚持集体领导制度，一方面要坚持集体领导、集体决策，不允许以个人意志代替集体决策，不允许压制党内不同意见。同时党委（党组）一旦形成决定即应无条件贯彻落实，不能与组织讨价还价，不能自作主张、自行其是，不能散布违背组织决定的错误言论。领导干部应将各自分管领域内的工作及时向组织汇报，不能将其作为"私人领域"，搞独断专行。

在党的各项组织制度中，党委制无疑处于中心地位，能否充分发挥各级党委在各级组织中的领导核心作用，是决定党的工作能否正常开展、党的组织能否充分发挥效益的关键。早在1942年9月，中共中央政治局就制定下发了《关于统一抗日根据地党的领导及调整各组织间关系的决定》，确立了党委在各根据地的一元化领导，使党委在各级党的组织中具有领导核心地位。党的十八大以来，党中央高度重视对党委工作的规范和改进，着力通过加强相应制度建设的方式推动党委工作不断前进。2015年12月，中共中央印发《中国共产党地方委员会工作条例》，其中第三条规定："党的地方委员会在本地区发挥总揽全局、协调各方的领导核心作用，按照协调推进'四个全面'战略布局，对本地区经济建设、政治建设、文化建设、社会建设、生态文明建设实行全面领导，对本地区党的建设全面负责。"②明确强调了党委的领导核心作用，着重指出党的地方委员会在本地方应当发挥总揽全局、协调各方的领导核心作用，在领导本地区经济社会发展和党的建设方面负有主要责任。将立党为公、执政为民，践行党的宗旨和群众路线等内容作为各级党委在履职尽责过程中应当严格遵守的基本原则加以确定，为党的地方委员会在实际工作中能够切实依靠人民、服务人民，不断密切与人民群众的血肉联系提供了基本指南。在基本原则之外，《中国共产党地方委员会工作条例》还对党的各级地方委员会的组织和成员、职责、组织原则、议事和决策、监督和追责等作出了明确规定，既有实体性规定又有程序性规定，从而进一步明确了党的各级地方委员会的产生、职权和运转规则，为使其工作更加有效、规范、科学提供了法规制度保障。

党组制度是党实现对国家机关和非党团体领导的一项重要制度。通过在

①《关于新形势下党内政治生活的若干准则》，《人民日报》2016年11月3日。
②《中国共产党地方委员会工作条例》，《人民日报》2016年1月5日，第6版。

国家机关和非党团体中设立党组，并依靠党组成员对该机关或团体内党员的领导，实现党对该机关或团体的领导。1927年中央政治局通过的《中国共产党第三次修正章程决议案》即有党团一节，规定："在所有一切非党群众会议中，及执行的机关（国民党国民政府工会农协会等等）中，有党员三人以上，均需组织党团，党团的目的，是在各方面加强党的影响，而实行党的政策于非党的群众中。"①将党团作为党在非党团体中发挥作用的核心和纽带。1945年党的七大通过的党章将党团改为党组，使党组工作更为规范。党的十八大以来，党中央高度重视党组工作的制度化、规范化，并于2015年6月11日印发《中国共产党党组工作条例（试行）》，以党内法规的形式对党组工作作出规范，使其工作内容更加明确、工作程序更加科学。该条例第二条规定："党组是党在中央和地方国家机关、人民团体、经济组织、文化组织、社会组织和其他组织领导机关中设立的领导机构，在本单位发挥领导核心作用。"②"党组必须服从批准其设立的党组织领导。"③这一方面强调了党组在国家机关和非党团体党员中的领导核心地位，肯定了党组议大事、管大局的政治职能。另一方面也强调了党委对其所设立的党组实行绝对领导，党组应当服从批准其设立的党委的领导。

三、领导法规提供为民谋利的制度保证

"党的领导法规制度规范党的领导和执政活动，为党发挥总揽全局、协调各方的领导核心作用提供制度保证。"④健全党的领导法规制度，不断推进党的领导工作的制度化、规范化水平，使党的各项领导工作都有章可循、有规可守，对确保党顺利完成人民托付的执政任务，切实通过有效发挥领导核心作用为人民谋幸福具有重要作用。"将组织法规制度和党的领导法规制度各自单独成块，贯彻了习近平总书记提出的'夯实党执政治国的组织制度基础'

---

① 《建党以来重要文献选编（1921—1949）》第四册，中央文献出版社2011年版，第276页。

② 《中国共产党党组工作条例（试行）》，《人民日报》2015年6月17日，第2版。

③ 《中国共产党党组工作条例（试行）》，《人民日报》2015年6月17日，第2版。

④ 《以改革创新精神加快补齐党建方面的法规制度短板》，《求是》2017年第3期。

的重要思想，也体现了邓小平同志关于'领导制度、组织制度问题更带有根本性、全局性、稳定性和长期性'的要求"，也是新时代继续加强和改进党的建设，更好确保党的领导核心作用得到充分发挥的重要保障。

在现行有效的党的领导法规制度中，主要有关于党的领导工作的综合性党内法规，宣传思想文化工作方面的党内法规，统一战线方面的党内法规，编制工作方面的党内法规，群团工作方面的党内法规，人大工作方面的党内法规，政府工作方面的党内法规，企事业单位和社会组织工作方面的党内法规，人才工作方面的党内法规，法治建设方面的党内法规，社会治理方面的党内法规，军队工作方面的党内法规。这十二个方面的党内法规涉及党的领导活动的方方面面，从实体到程序，从政府到社会，从宏观到微观，构建了一个涉及各领域、包含各方面的党的领导法规制度体系，为党有序开展各方面领导工作提供了法规制度保障。其中最具有代表性和典型性的是《中国共产党统一战线工作条例》《领导干部干预司法活动、插手具体案件的记录、通报和责任追究规定》《脱贫攻坚责任制实施办法》。三部法规以分别代表的条例、规定和办法三种党内法规制度形态，以明确清晰的法规条文为相应工作的开展提供了具体可靠的制度遵循，为党的领导法规制度建设提供了良好范例，为切实保证党立党为公、执政为民，始终保持党和人民群众血肉联系提供了制度保障。

2015年5月18日，经中共中央批准，《中国共产党统一战线工作条例》制定下发，并在全党范围内施行。党始终高度重视统一战线工作，注重团结各民主党派和无党派人士一道进行革命、建设和改革工作，不断健全、完善和发展中国共产党领导的多党合作和政治协商制度，相继颁布了统一战线工作领域的一系列规范性文件。例如，1989年颁布的《中共中央关于坚持和完善中国共产党领导的多党合作和政治协商制度的意见》，2005年颁布的《中共中央关于进一步加强中国共产党领导的多党合作和政治协商制度的意见》，2006年颁布的《中共中央关于加强人民政协工作的意见》，2015年颁布《中共中央关于加强社会主义协商民主的意见》等。为统一战线工作的制度化、规范化发挥了重要作用。在此基础上，《中国共产党统一战线工作条例》作为第一部对统一战线工作作出全面规定的党内法规，明确了统一战线工作的指导思想和主要任务，详细规定了统一战线工作的组织领导及其具体职责，从民主党派和无党派人士工作、党外知识分子工作、民族工作、宗教工作、非公有制领域统一战线工作和港澳台海外统一战线工作等方面具体规定了相应的工作内容和应当遵循的工作准则。为党在中国特色社会主义新时代继续有效开展统一战线工作，更好发挥中国特色社会主义协商民主的优越性提供了法规规范，为党更加密切地联系党外人士和人民群众提供了制度保障。

党管政法是我国政法工作的一项基本原则。然而党对政法工作的领导主要是组织人事、方针政策、指导思想等方面的领导，支持司法机关依照宪法法律独立自主地处理具体案件，而非插手、干预具体司法工作。"在实践中，一些领导干部出于个人私利或地方利益、部门利益，为案件当事人请托说情，对案件处理提出倾向性意见或者具体要求，甚至以公文公函等形式，直接向司法机关发号施令，以言代法，以权压法，不仅直接妨碍具体案件的依法公正处理，而且严重损害司法公信力，破坏国家法律的正确统一实施。"① 为更好落实党管政法原则，规范党对政法工作的领导，更好落实全面依法治国战略，加快建设社会主义法治国家。中共中央办公厅、国务院办公厅于2015年3月18日下发了《领导干部干预司法活动、插手具体案件的记录、通报和责任追究规定》，对领导干部插手具体案件的记录、通报和责任追究制定了明确规范，对防止个别领导干部以权谋私、干涉司法设立了防火墙、警示牌。

实施精准扶贫、精准脱贫，确保到2020年我国现行标准下农村贫困人口实现脱贫，是全面建成小康社会的重要内容。为此，明确党的各级组织在打赢脱贫攻坚战中的职责和使命十分必要，以党内法规对此加以规范是确保党为人民谋利益的典型例证。2016年中共中央办公厅、国务院办公厅联合印发的《脱贫攻坚责任制实施办法》（以下简称《办法》）是以党内法规形式规范党在社会治理方面领导工作的典型例证。《办法》共分为总则、中央统筹、省负总责、市县落实、合力攻坚、奖惩、附则七个部分，明确了不同层级党组织在脱贫攻坚中所负的职责使命，具体规定了各级组织在脱贫攻坚中应当采取的措施和方案。其中中央"主要负责统筹制定脱贫攻坚大政方针，出台重大政策举措，完善体制机制，规划重大工程项目，协调全局性重大问题、全

---

① 《建立"防火墙"，防止干预司法——中央司法体制改革领导小组办公室负责人就〈领导干部干预司法活动、插手具体案件处理的记录、通报和责任追究规定〉答记者问》，《人民日报》2015年3月31日，第4版。

国性共性问题"①，各省负责"全面贯彻党中央、国务院关于脱贫攻坚的大政方针和决策部署，结合本地区实际制定政策措施，根据脱贫目标任务制定省级脱贫攻坚滚动规划和年度计划并组织实施"②，市县则在中央和各省的领导下负责优化配置各类要素，具体组织脱贫攻坚方案实施。通过对各自职责的明确，《办法》为各级组织在脱贫攻坚过程中提供了具体指引，为党更好领导脱贫攻坚工作提供了制度规范，为脱贫攻坚工作的顺利实现提供了法规保障，是运用党内法规保障党的领导切实为民谋利的典型代表。

四、党建法规保持服务人民的建党初心

党的自身建设法规是党内法规的重要组成部分，规范党在政治建设、思想建设、组织建设、作风建设和反腐倡廉建设等方面的活动，对推进党的建设制度化、规范化具有重要意义，新时代构建保障执政为民的党内法规制度体系，应当着力完善党的建设法规，以党的建设法规保持服务人民的建党初心。《中共中央关于加强党内法规制度建设的意见》指出："完善党的自身建设法规制度，加强党的思想建设、组织建设、作风建设、反腐倡廉建设，深化党的建设制度改革，增强党的创造力、凝聚力、战斗力。制定新形势下党内政治生活若干准则的配套法规制度，在维护全党思想统一和密切联系人民群众方面分别研究制定相应法规，制定思想政治工作条例、党史工作条例，完善干部人事工作、作风建设、反腐倡廉等方面的法规制度。"③

党的十九大报告提出将党的政治建设置于党的建设首位，通过健全党的建设法规保持服务人民的建党初心应当首先加强党的政治建设法规。党的政治建设法规本质上就是党的政治纪律，强调党的政治建设法规的重要地位是党在长期建设过程中形成的优良传统。1927年，党的五大通过的《组织问题

---

①《中办国办印发〈脱贫攻坚责任制实施办法〉》，《人民日报》2016年10月18日，第1版。

②《中办国办印发〈脱贫攻坚责任制实施办法〉》，《人民日报》2016年10月18日，第1版。

③《十八大以来重要文献选编》下，中央文献出版社2018年版，第511页。

决议案》指出"党内纪律非常重要，但宜重视政治纪律"①，明确将政治纪律作为党内纪律的重点。同年通过的《山东工作大纲》《政治纪律决议案》也都强调了政治纪律在党的纪律建设中的重要地位。特别是周恩来在中共六大上指出："党的指导机关应受〔有〕政治纪律，党的指导机关没有政治纪律是不对的。"②突出了各级领导机关遵守政治纪律的重要意义。

新的历史条件下，党中央高度重视严明党的政治纪律，习近平总书记强调："在所有党的纪律和规矩中，第一位的是政治纪律和政治规矩。"③"政治纪律是最重要、最根本、最关键的纪律，遵守党的政治纪律是遵守党的全部纪律的基础。"④突出了政治纪律在党内法规体系中的重要地位。并进一步指出："遵守党的政治纪律，最核心的，就是坚持党的领导，坚持党的基本理论、基本路线、基本纲领、基本经验、基本要求，同党中央保持高度一致，自觉维护中央权威。"⑤明确了党内政治生活法规制度建设的基本原则。在这一原则指导下，广大党员干部既是国家公民，应当遵守国家法律法规，履行法律义务、承担法定职责，同时又必须遵循党内法规制度和其他党内规矩。习近平总书记在党的十八届中纪委五次全会上将党的规矩概括为四个方面，"其一，党章是全党必须遵循的总章程，也是总规矩。其二，党的纪律是刚性约束，政治纪律更是全党在政治方向、政治立场、政治言论、政治行动方面必须遵守的刚性约束。其三，国家法律是党员、干部必须遵守的规矩，法律是党领导人民制定的，全党必须模范执行。其四，党在长期实践中形成的优良传统和工作惯例"⑥。强调了政治纪律在党的纪律中的重要地位。保持共产党员的建党初心应切实完善党的建设法规，特别是党的政治纪律和规范党内政治生活的党内法规，应当得到不断完善、始终坚持和严格遵守。

党的十八大以来，党中央就党内政治生活的法规制度建设采取了一系列重要举措，其中最重要的是党的十八届六中全会的召开和《关于新形势下开

①《建党以来重要文献选编（1921—1949）》第四册，中央文献出版社2011年版，第208页。

②《周恩来六大报告和发言选载》，《党的文献》2008年第3期。

③《十八大以来重要文献选编》中，中央文献出版社2016年版，第351页。

④《十八大以来重要文献选编》上，中央文献出版社2014年版，第764页。

⑤《十八大以来重要文献选编》上，中央文献出版社2014年版，第132页。

⑥《十八大以来重要文献选编》中，中央文献出版社2016年版，第347页。

展党内政治生活的若干准则》的制定。党的十八届六中全会指出："党要管党必须从党内政治生活管起，从严治党必须从党内政治生活严起。"①为严格系统规范新形势下党内政治生活，大会审议并通过了《关于新形势下开展党内政治生活的若干准则》（以下简称《准则》），为新时期党内政治生活的开展提供了基本准则。《准则》最大的特点是继承和创新的有机统一。它一方面继承了1980年《关于开展党内政治生活的若干准则》的基本内容，重申了党在历史上形成的"以实事求是、理论联系实际、密切联系群众、批评和自我批评、民主集中制、严明党的纪律等为主要内容的党内政治生活基本规范"②，又总结了党的十八大以来以习近平同志为核心的党中央在管党治党实践中形成的一系列新方法、新理念、新举措，将全面从严治党的实践经验系统化、理论化、规范化，为进一步严肃和规范党内政治生活提供了法规依据。《准则》分为三个部分，系统论述了新形势下规范党内政治生活的重要意义和主要目的，分别从十二个方面为党内政治生活的开展规定了基本准则，同时号召全党为规范党内政治生活而努力。《准则》既是严肃党内政治生活经验的系统总结，又为今后开展党内政治生活提供了根本遵循。

纪律严明是全党统一意志、统一行动、步调一致前进的重要保障，是党内政治生活的重要内容。政治纪律是最根本、最重要的纪律，遵守党的政治纪律是遵守党的全部纪律的基础。与1980年《关于开展党内政治生活的若干准则》相比，《准则》专门将"严明党的政治纪律"作为党内政治生活的准则之一加以规定。这是着眼于近年来党的领导干部，特别是高级干部中极少数人政治野心膨胀、权欲熏心，搞阳奉阴违、结党营私、团团伙伙、拉帮结派、谋取权位等政治阴谋活动，尤其是部分曾经位居高职的人严重违反党的政治纪律，给党的形象和威信造成了巨大损害。为此，《准则》明确规定，党员、干部特别是高级干部不准在党内搞小山头、小圈子、小团伙，严禁在党内拉私人关系、培植个人势力、结成利益集团。对那些投机取巧、拉帮结派、搞团团伙伙的人，要严格防范，依纪依规处理。坚决防止野心家、阴谋家窃取党和国家权力。

---

①《中国共产党第十八届中央委员会第六次全体会议公报》，《人民日报》，2016年10月28日，第1版。

②《关于新形势下党内政治生活的若干准则》，《人民日报》2016年11月3日，第3版。

习近平总书记指出："这次制定的准则，是一个思想性、政治性、综合性很强的文件，要总结我们党长期以来在开展党内政治生活方面形成的宝贵经验和基本规范，阐明党关于开展严肃认真的党内政治生活的原则和立场。"[①] 贯彻落实《准则》要求，对增强党内政治生活的政治性、时代性、原则性、战斗性，增强党自我净化、自我完善、自我革新、自我提高能力，提高党的领导水平和执政水平、增强拒腐防变和抵御风险能力，维护党中央权威、保证党的团结统一、保持党的先进性和纯洁性，在全党形成又有集中又有民主、又有纪律又有自由、又有统一意志又有个人心情舒畅生动活泼的政治局面具有重要意义。

"我们党以马克思主义为立党之本，以实现共产主义为最高理想，以全心全意为人民服务为最高宗旨。这就是共产党人的本。没有了这些就是无本之木。"[②] 能否站在最广大人民的立场上，心系人民群众的冷暖安危，心忧人民群众的衣食住行，真正做到权为民所用、情为民所系、利为民所谋，将全心全意为人民服务的根本宗旨落到一点一滴的日常工作中，是和平年代检验共产党员理想信念的试金石。新的历史条件下，不断密切党和人民群众血肉联系，巩固和增强宗旨意识有赖于党内法规制度的规范和保障，确保思想建设内容科学、形式合理，既坚持马克思主义的基本原理、符合党的创新理论基本精神，又适应时代发展需要，易于为广大党员干部接受，从而真正坚定党员干部为人民服务的信念和信心。

早在1929年，中国工农红军第四军召开的第九次党的代表大会通过的《中国共产党红军第四军第九次代表大会的决议案》（即"古田会议决议案"）中即对党内教育作出了明确细致的规定。决议指出："红军党内最迫切的问题，要算是教育问题。"规定了"政治分析"等十项学习材料和"党报""政治简报""训练班"[③]等十八种教育方法，对促进红四军党内政治教育有序规范开展，保障政治教育实际效果，提升红四军党员干部思想理论水平，使红军广大官兵进一步深刻认识红军谋求民族独立和人民解放的革命目标，为实现在

---

① 习近平：《关于〈关于新形势下党内政治生活的若干准则〉和〈中国共产党党内监督条例〉的说明》，《人民日报》2016年11月3日，第2版。
②《习近平关于全面从严治党论述摘编》，中央文献出版社2016年版，第62页。
③《毛泽东文集》第一卷，人民出版社1993年版，第94～95页。

农村革命战争环境中保持党和军队的无产阶级性质发挥了重要作用。

党的十八大以来，以习近平同志为核心的党中央高度重视以法规制度的形式规范思想理论教育，实现了思想建党与制度治党的有机结合。2017年3月，中共中央办公厅印发《中国共产党党委（党组）理论学习中心组学习规则》（以下简称《规则》），以党内法规的形式专门就各级党委和党组的理论学习作出规范，"《规则》共5章17条，对党委（党组）理论学习中心组学习的性质定位原则、内容形式要求、组织管理考核等方面作出明确规定。《规则》要求，各级党委（党组）应当把中心组学习列入重要议事日程，纳入党建工作责任制，纳入意识形态工作责任制。"①从而使各级党委和党组的理论学习有法可依、有规可循，推动党内理论学习的制度化、规范化、科学化，有效保障理论学习按时依规开展，有效提升理论学习的实际效果，为党的各级党委（党组）通过理论学习不断强化自身宗旨意识，增强为人民服务的能力和自觉提供了法规保障。

党的组织是党的集体，健全和完善党的组织建设法规，通过法规制度规范党的组织建设，严格党员发展、干部选拔和培训是确保党全心全意为人民服务的根本宗旨永不改变的重要途径。党的十八大以来，党中央制定通过了一系列组织建设的党内法规，为保持党的肌体健康发展提供了制度保障。党员素质是党的性质得以维持的基本保障，2014年中共中央办公厅印发《中国共产党发展党员工作细则》（以下简称《细则》），为新时代的党员发展工作提供了基本遵循，为改进党的组织建设奠定了制度基石。《细则》指出："发展党员工作应当贯彻党的基本理论、基本路线、基本纲领、基本经验、基本要求，按照控制总量、优化结构、提高质量、发挥作用的总体要求，坚持党章规定的党员标准，始终把政治标准放在首位；坚持慎重发展、均衡发展，有领导、有计划地进行；坚持入党自愿原则和个别吸收原则，成熟一个，发展一个。"②明确将政治标准放在党员发展的第一位，不断提高党员质量和水平，优化党员结构，确保党员能够在自身工作岗位上切实发挥先锋模范带头作用，为党的先进性和纯洁性奠定了坚实基础，为党确保全心全意为人民服务的宗

①《中国共产党党委（党组）理论学习中心组学习规则》，《人民日报》2017年3月31日，第1版。

②《中国共产党发展党员工作细则》，《人民日报》2014年6月11日，第1版。

旨和初心提供了有力保障。

　　领导干部的选拔关系到党的事业兴衰成败，能否建立合理的人才选拔机制，使有理想、有担当、有才干的党员真正走上合适的领导岗位，确保各级领导干部具备履职尽责所必需的才能和品德是党的组织建设需要解决的重要问题。2014年中共中央印发的《党政领导干部选拔任用工作条例》明确提出了党管干部原则，五湖四海、任人唯贤原则，德才兼备、以德为先原则，注重实绩、群众公认原则，民主、公开、竞争、择优原则，民主集中制原则，依法办事原则。①从而确立了科学合理的干部选拔标准，为领导干部的选拔提供了可靠依据。同时，这部条例还对领导干部的选拔规定了具体细致的工作程序，就选拔任用条件，动议，民主推荐，考察，讨论决定，任职，依法推荐、提名和民主协商，公开选拔和竞争上岗，交流、回避，免职、辞职、降职，纪律和监督等问题做了详细规定，使领导干部选拔任用的各个环节、各个领域都有章可循，避免了领导干部选拔任用过程中的主观性和随意性，有利于选拔出有能力、有担当的领导干部，为确保党的组织正常运转，确保党的宗旨得到坚持奠定基础。

　　作风建设重在抓常抓细抓长，从点滴做起，从身边做起，在日常工作和生活中逐步改进党的作风，改善党的形象。作风建设往往比较细小琐碎，体现在广大党员日常工作和生活的方方面面，需要广大党员特别是领导干部时时刻刻加以注意。这一特点决定了作风变化往往不易察觉，作风问题往往比较隐蔽，作风建设容易出现反复。为此，加强和改进党的作风建设需要着力加强制度建设和监督机制，将作风建设中行之有效的方法和措施制度化、规范化、长效化，克服作风问题反复发生的顽疾，使党的优良作风成为党密切联系人民群众的桥梁和纽带。习近平总书记在参加河南兰考县委常委班子专题民主生活会时指出："作风建设已经采取的措施、形成的机制要扎根落地，已经取得的成效要巩固发展，关键是要在抓常、抓细、抓长上下功夫。"②加强和改进作风建设必须标本兼治，针对部分比较严重的问题和群众反映比较强烈的恶劣现象，有必要在短时间内开展集中整治，对作风恶劣的党员和领

---

①《党政领导干部选拔任用工作条例》，《人民日报》2014年1月16日，第16版。
②《作风建设要经常抓深入抓持久抓　不断巩固扩大教育实践活动成果》，《人民日报》2014年5月10日，第1版。

导干部形成震慑，努力使党的作风尽快得到改善，增加人民对党的作风改进的切实感受。同时，作风建设又不能停留于表面，应当着力加强相应法规制度建设，形成作风建设长效机制，从根本上确保党的优良作风代代相传。

坚持统筹协调、以点带面是开展作风建设的重要方法。作风建设所针对的问题往往比较具体，需要通过大量耐心细致的工作逐一加以解决。同时又要避免陷于具体问题之中，只见树木不见森林、头疼医头脚疼医脚，而要透过现象看本质，在大量具体问题当中发现普遍性、规律性问题，制定严明的法规解决作风建设中的关键问题以推动作风建设整体前进。党的十八大召开后不久，新一届中央政治局即审议通过了改进工作作风、密切联系群众的八项规定，从各级领导干部日常工作和生活待遇中的小事抓起，逐步解决人民群众反映较为强烈的作风问题，使作风建设的成果切实可见。同时，通过严格落实八项规定提升全体党员特别是领导干部对作风建设重要意义的认识，并逐步形成推进作风建设的制度机制，促进党的作风从整体上得到改进，从而取得小中见大、以点带面的实际效果。

当前党的作风建设中存在的诸多问题，必须通过雷霆手段、猛药去疴，通过集中整治加以解决，使许多严重的作风问题在短时间内得到制止和好转。但同时必须坚持标本兼治，在通过系列主题活动等形式集中开展党内作风整顿的同时，应当注重制度建设，将行之有效的科学经验和成功做法制度化、科学化、规范化，逐渐形成一整套科学合理、运行规范的制度体系。使党的各级组织和全体党员的日常工作和生活受到制度规范的制约和引导，以制度确保优良作风在日常工作中得到继承和发扬，促进党的作风建设长效化。

大力开展党风廉政建设、反对各种形式贪污腐败，是决定党和国家前途命运的新的伟大斗争。如果任由腐败现象泛滥，就会打破社会的正常秩序和运行机制，放任权力在资本支配下的不正当行使冲击正常的资源分配机制和个人发展路径，进而损害社会公平正义，威胁社会发展活力和长治久安，最终导致人民对党丧失信任，中国特色社会主义事业毁于一旦。习近平总书记在党的十八届中央政治局第五次集体学习时指出："一个政党、一个政权，其前途和命运最终取决于人心向背。我们必须下最大气力解决好消极腐败问题，确保党始终同人民心连心、同呼吸、共命运。"①必须以零容忍态度坚决惩治腐败，遏制腐败现象蔓延趋势。一方面应以刮骨疗毒、壮士断腕的勇气着力查处影响全局的大案要案，形成对腐败分子的高压态势。另一方面应着力加强制度建设，加强对权力运行的监督和规范，保证权力依法依规行使，从根本上铲除腐败滋生的土壤，使党的各级干部不敢腐、不能腐、不想腐。以反腐倡廉的实际成效取得人民的支持和拥护。

2015年10月12日，中共中央政治局审议通过《中国共产党廉洁自律准则》，为新时代党的廉政建设提供了重要指南。这一准则弥补了2010年制定的《中国共产党党员领导干部廉洁从政若干准则》存在的"适用对象仅限于党员领导干部，未能涵盖全体党员；缺少正面倡导，其中'8个禁止''52个不准'均为负面清单；廉洁主题不够突出，一些内容与廉洁主题无直接关联"②等内容的不足。新准则将适用范围扩大到全体党员，围绕公与私、廉与腐、俭与奢、苦与乐提出了公私分明、崇廉拒腐、尚俭戒奢、先苦后甜的自律规范，对全体党员提出了廉政要求。针对领导干部则进一步提出了廉洁从政、廉洁用权、廉洁修身、廉洁齐家的规范要求，为领导干部提供了全方位的从政规范。与原有准则不同，新准则是党自执政以来第一部完全坚持正面倡导的党内法规，反映了党全心全意为人民服务的公仆本色，对加强反腐倡廉建设，确保党全心全意为人民服务的宗旨和初心不改变具有重要意义。

五、监督法规规范人民赋予的公共权力

党的监督保障法规制度是党内法规的重要内容。《中共中央关于加强党内法规制度建设的意见》指出："完善党的监督保障法规制度，切实规范对党组织工作、活动和党员行为的监督、考核、奖惩、保障等，确保行使好党和人民赋予的权力。巩固和完善党内监督、巡视、问责、党纪处分等方面的法规制度建设成果，制定修订党内功勋荣誉表彰、党务公开、党员权利保障等方

---

①《习近平关于党风廉政建设和反腐败斗争论述摘编》，中央文献出版社、方正出版社2015年版，第6～7页。

②《认真贯彻执行〈准则〉和〈条例〉 推进全面从严治党、依规治党》，《求是》2016年第4期。

面的条例，健全容错纠错机制，完善机关运行保障方面的法规制度。"①加强党的监督法规建设，通过党内法规建立监督制度，约束各级领导干部权力的行使，是以党内法规保障党和群众血肉联系的重要内容。针对党内监督存在的种种问题，习近平总书记指出："'权力导致腐败，绝对权力导致绝对腐败。'如果权力没有约束，结果必然是这样。各级领导干部都要牢记，任何人都没有法律之外的绝对权力，任何人行使权力都必须为人民服务、对人民负责并自觉接受人民监督。"②中国共产党的根本宗旨是全心全意为人民服务，党的执政地位和各级领导干部的权力归根结底是由人民赋予的，人民是国家的主人。党的各级领导干部和广大党员在行使人民所赋予的权力的时候，必须时刻谨记自身所肩负的使命任务，严格按照宪法法律和党内法规的要求行使权力，自觉接受党内外监督，做到有权必有责、用权受监督、侵权要赔偿。"全党要深刻认识到，党内监督是永葆党的肌体健康的生命之源，要不断增强向体内病灶开刀的自觉性，使积极开展监督、主动接受监督成为全党的自觉行动。"③为加强和改善党内监督，完善党内监督体制机制，党的十八大以来，党着力开展了党的纪检监察体制改革，着力完善党内监督和巡视等方面的法规制度。从制度上解决现有党内监察开展过程中存在的困难和问题，弥补体制机制存在的漏洞，加强监察制度创新，使党内监察的开展更为顺畅有效。同时通过健全和改进巡视制度，开展专项巡视，着力检查被巡视单位的党风廉政问题，发现权力行使过程中的漏洞和问题，并提出有针对性的意见建议，推动被巡视单位的整改补救。

全面从严治党要加强权力监督，通过监督法规的健全和完善约束党内各级组织和领导权力的行使。从近年来查处的腐败案件看，权力不论大小，只要不受制约和监督，都可能被滥用。党的十八大以来的党中央高度重视党内监督的健全和完善。习近平总书记指出："对我们党来说，外部监督是必要的，

---

① 《十八大以来重要文献汇编》下，中央文献出版社2018年版，第511页。
② 《十八大以来重要文献选编》上，中央文献出版社2014年版，第136页。
③ 习近平：《在党的十八届六中全会第二次全体会议上的讲话（节选）》，《求是》2017年第1期。

但从根本上讲，还在于强化自身监督。"①为此，党的十八大以来，党中央先后采取一系列措施，广泛开展党内巡视，深入推进纪检监察体制改革，着力构建全面立体的党内监督制度。特别是党的十八届六中全会审议通过的《中国共产党党内监督条例》（以下简称《条例》）总结了党的十八大以来党内监督的实践经验和有效做法，将纪检监察体制改革的实践成果加以制度化、规范化，形成稳定的法规制度，为党内监督的开展提供了法规依据。

《条例》强调"党委（党组）在党内监督中负主体责任，书记是第一责任人"②。党委（党组）应加强对本部门、本单位党内监督和纪委工作的领导，对党委常委会委员（党组成员）等领导干部进行监督，并对上级党委、纪委工作提出建议。《条例》对党委（党组）监督规定的制度规范基本继承了2003年试行条例的相关内容，但又根据党的十八大以来习近平总书记对党内监督的要求有所深化。主要体现在：明确规定党内巡视的主要内容应聚焦全面从严治党落实状况，并提出"省、自治区、直辖市党委应当推动党的市（地、州、盟）和县（市、区、旗）委员会建立巡察制度，使从严治党向基层延伸"③。发现领导干部存在苗头性问题的应开展提醒谈话，发现轻微违纪问题的应开展诫勉谈话，并做好记录工作。严格执行干部考核制度，全面考察德、能、勤、绩、廉表现，考察结果在同本人见面后记入档案，落实党组织主要负责人在干部选人、考察、决策等环节的责任。明确"述责述廉重点是执行政治纪律和政治规矩、履行管党治党责任、推进党风廉政建设和反腐败工作以及执行廉洁纪律情况"④。坚持和完善领导干部个人有关事项报告制度，特别指出领导干部应当及时报告个人及家庭重大情况，事先请示报告离开岗位或者工作所在地等。建立健全党的领导干部插手干预重大事项记录制度，发现利用职务便利违规干预干部选拔任用、工程建设、执纪执法、司法活动等问题，应当及时向上级党组织报告。

《条例》除对党的中央组织的监督、党委（党组）的监督、党的纪律监察

---

① 习近平：《在十八届中央纪律检查委员会第六次全体会议上的讲话》，人民出版社2016年版，第21~22页。

②《中国共产党党内监督条例》，《人民日报》2016年11月3日，第6版。

③《中国共产党党内监督条例》，《人民日报》2016年11月3日，第6版。

④《中国共产党党内监督条例》，《人民日报》2016年11月3日，第6版。

委员会的监督作出规定外，还明确了党的基层组织和党员的监督职责。规定党内监督必须与外部监督相结合，党的各级委员会应当接受国家机关依法监督、民主党派民主监督以及各种途径的群众监督。并对党内监督的整改和保障措施作出了明确规定。这些都是《条例》对2003年试行条例的完善和补充，是对近年来党内监督工作经验的系统总结，为新形势下更加有效地开展党内监督、更好约束人民赋予的公共权力提供了更加严密的制度保障。

党内巡视是开展党内监督、维护党的统一、确保党的路线方针政策得到准确落实的有效途径，也是党在长期管党治党实践中形成的优良传统，健全完善党内巡视法规，发挥巡视制度功能，是规范约束党内权力行使的重要途径。中央派遣特派员巡视指导工作的做法早已有之。1922年中共二大通过的党章规定："中央执行委员会得随时派员到各处召集各种形式的临时会议，此项会议应以中央特派员为主席。"①而将这种做法固定为一种制度，则始于1927年中共中央政治局扩大会议通过的《最近组织问题的重要任务议决案》，文件提出"应当开始建立各级党部的巡视指导制度"②。次年，中央发布《中央通告第五号——巡视条例》，对巡视制度做了详细规定，标志着全党范围内巡视制度正式建立。1931年5月，中央制定通过了《中央巡视条例》，这是中央根据1928年《巡视条例》的规定而制定的中央层面的巡视制度。这两份巡视条例为党内有效开展巡视工作提供了法规依据，确保了党的路线的严格贯彻，也标志着巡视工作在党内正式建立。

改革开放以来，党中央和中纪委先后制定发布了一系列党内巡视方面的党内法规和规范性文件，党内巡视制度得到了恢复、发展和创新。党的十三届六中全会通过的《中共中央关于加强党同人民联系的决定》在新时期首次提出："中央和各省、自治区、直辖市党委，可根据需要向各地、各部门派出巡视工作小组，授以必要的权力，对有关问题进行督促检查，直接向中央和省、区、市党委报告情况。"③1996年，经中央批准中纪委首次派出

---

①《建党以来重要文献选编（1921—1949）》第一册，第166页。

②《建党以来重要文献选编（1921—1949）》第四册，第637页。

③《中共中央关于加强党同人民群众联系的决定》，《人民日报》1990年4月21日，第1版。

巡视组，①同年中纪委制定《中共中央纪律检查委员会关于建立巡视制度的试行办法》，为巡视工作提供了具体规范。党的十六大报告提出："改革和完善党的纪律检查体制，建立和完善巡视制度。"②党的十七大通过的党章首次明确规定："党的中央和省、自治区、直辖市委员会实行巡视制度。"③以党内根本大法的形式为开展党内巡视工作提供了制度依据。2009年党中央颁布《中国共产党巡视工作条例（试行）》，成立中央巡视工作领导小组，为深入推进巡视工作开展、更好发挥巡视作用提供了有力的法规依据和组织保障。

党的十八大以来的党中央高度重视巡视工作，将其作为发现党风廉政建设中存在问题的重要途径，对其作用和意义进行了多方论述。习近平总书记在审定巡视工作条例修订稿时指出："巡视工作的力度、强度、效果大幅提升，成为党风廉政建设和反腐败斗争的重要平台，是党内监督和群众监督相结合的重要方式，是上级党组织对下级党组织监督的重要抓手，为全面从严治党提供了有力支撑。"④通过开展党内巡视，上级党组织可以对下级党组织落实党的政策、遵守党的纪律、改进党的作风等方面的情况形成较为具体和直观的看法。通过在巡视过程中贯彻落实群众路线、听取群众意见，能够更好地发现下级党组织工作的实际效果和存在的不足，并以通报巡视结果、提出整改意见等方式督促问题的解决和工作的改进，推进党风廉政建设不断深化。从而为实施全面从严治党，维护党的集中统一和党内法规的严肃性提供了有效途径。

党中央高度重视巡视工作的建章立制，特别强调要将在巡视中产生的好经验、好办法加以制度化、规范化，推动巡视工作不断完善和发展。习近平总书记在主持审议《关于中央巡视工作领导小组第一次会议研究部署巡视工作情况的报告》时指出："要抓好工作创新，在总结经验的基础上，适应形势发展，推动巡视内容、方式方法、制度建设等方面与时俱进，完善工作机制，

---

① 王岐山：《发挥巡视监督作用　助力全面从严治党》，《人民日报》2015年8月21日，第2版。

② 江泽民：《全面建设小康社会，开创中国特色社会主义事业新局面》，《人民日报》2002年11月18日，第1版。

③《中国共产党章程》，人民出版社2007年版，第33~34页。

④《中共中央政治局召开会议审议〈中国共产党巡视工作条例（修订稿）〉、〈关于推进领导干部能上能下的若干规定（试行）〉》，《人民日报》2015年6月27日，第1版。

增强巡视工作的针对性、时效性。"①为落实这一指示精神，更好发挥巡视制度作用，党中央于2015年和2017年两次对《中国共产党巡视工作条例》进行修改，全面吸收和总结了党的十八大以来巡视工作的实际经验，详尽阐释了巡视工作的内容、意义和基本要求，明确规定党中央和省、自治区、直辖市委员会对所管理地方、部门、企事业单位党组织在任期范围内实现巡视全覆盖，为今后巡视工作的开展提供了具体规范。

"从2013年5月第一轮巡视正式启动，到2017年6月最后一轮巡视反馈结束，12轮巡视共巡视277个单位党组织，对16个省区市开展'回头看'，对4个单位进行'机动式'巡视，实现了党内监督不留空白、没有死角。"②对各地区、各部门党组织在实际工作中存在的问题进行了清查，特别针对政治性、原则性、纪律性问题提出意见和建议，将中央的要求传达贯彻到巡视单位，倒逼相应单位进行问题整改和制度改革，推进全面从严治党走向深化。

①《习近平关于党风廉政建设和反腐败斗争论述摘编》，中央文献出版社、方正出版社2015年版，第108页。

②《高举巡视利剑　推进全面从严治党——十八届中央巡视回眸》，《人民日报》2017年6月22日，第1版。

第六章　人民群众是全面依法治国的力量源泉

人民群众是法治活动的主体，也是依法治国的力量源泉。建设中国特色社会主义法治体系，建设社会主义法治国家，需要从人民群众的根本利益出发，发挥人民群众的主体作用。为此，我们应该营造公正为民的法治环境，培养德才兼备的法治人才，发挥领导干部的模范带头作用，从而切实推进依法治国的进程。

一、营造公正为民的法治环境

法治环境的营造是个系统工程，是包括立法、执法、司法、行政等多个环节，包括法治文化建设、法治宣传、法律服务等多个方面共同打造的结果。营造公正为民的法治环境，需要我们在法治的各个环节和方面坚持人民主体地位，把人民的利益放在首要位置。要推进科学立法、严格执法、公正司法、全民守法，坚持法律面前人人平等，保证有法必依、执法必严、违法必究。这是我们营造公正为民法治环境的根本要求。

（一）从执政、立法、执法、司法等各个环节入手营造一个公正为民的法治环境

第一，要从依法执政做起。中国共产党作为执政党，是中国特色社会主义法治建设的主导力量。中国共产党的宗旨是全心全意为人民服务，是把人民的利益放在最高位置的政党，这就保证了公正为民法治环境的建设不会偏离正确的轨道。而法治真正得到实现，要靠执政党的依法执政。党的依法执

政是公正为民法治环境建设的根本要求。要做到依法执政，必须正确认识党和法的关系，必须明确"党领导人民制定宪法和法律，党必须在宪法和法律范围内活动。任何组织或者个人都不得有超越宪法和法律的特权，绝不允许以言代法、以权压法、徇私枉法"[①]。这些论述对党和法治的关系进行了全面的表述，是我们处理党和法治关系的基本依据。

要健全民主政治制度。法治环境的建设跟民主制度的完善有重要的关系。法治与民主是相辅相成的，没有完善的民主，法治的建设会走向歧路。我国民主政治制度是人民当家作主的政治制度，要使一切权力属于人民，保证人民能够有序进行政治参与。为此，应该丰富民主形式，健全基层民主自治制度，完善人民代表大会制度和政治协商制度，保证人民当家作主的权利，为公正为民的法治环境的建设提供制度保障。

第二，加强立法工作，建立公正为民的法律体系。法治环境的创建要从立法工作开始，形成完备的法律体系。要推进科学立法，推进良法善治。科学立法要从民主立法开始，拓展人民有序参与立法的途径，使人民参与到立法的过程当中，人民的利益才能在立法环节得到保护，所立之法才能体现民意、代表民意。科学立法的过程要求公开透明，从公开征集立法项目开始，要及时公布立法的规划和议程，向公众公布法规草案，采纳公众合理建议等。只有开门立法，吸收采纳人民的意见建议，所立之法才能是体现人民意愿的法律。不仅如此，科学立法还要求遵守一定的立法程序。对于立法的基本程序和立法环节一定要严格遵守，这是立法的基本要求。提高立法水平还要提升立法技术，重视立法过程中的技术理性，对于专业技术问题，可以邀请相关专家进行研讨会商，不急于为出台法律而人为地简单处理。要做好立法评估工作，对于立法的效果要进行科学的分析和评估。立法评估要从立法质量的角度进行考量，特别是评估立法是否能够体现人民主体的价值观，表现公正为民的法治理念。

第三，依法行政，建设廉洁透明的政务环境。依法行政是法治环境建设的重要环节。行政执法是与老百姓日常生活联系最为紧密也最常见的法治活动。行政执法公正严明，法治环境就会建设得好，人民群众就会越来越满意。

[①]《十八大以来重要文献选编》上，中央文献出版社2014年版，第22页。

透明、高效、廉洁的政府是法治环境建设的重要因素。为此，首先要积极推进政务公开，使权力运行更加透明。推进政务公开，要主动、及时进行政府信息的公开化，特别是跟人民群众切身利益密切相关的事项要及时主动进行公开。政府权力公开包括办事程序的公开、办事标准的公开、办事结果的公开以及后续事项的公开。使政府权力真正受到人民群众的监督，为保证人民群众的利益打下坚实的基础。要加强政府信息公开，对于和老百姓关系紧密的教育、医疗、税收等事项的公开更应该及时、细致，让老百姓对于政府提供服务的流程、职责等有明确的了解。要采取多种形式进行政务公开，比如政府公报形式、新闻发布会、电子政务等，随着时代的发展，要加快利用官方微博、公众号等新媒体进行政务公开。其次，依法行政要体现在公务人员严格守法和公正执法上面。公正为民的法治环境要有高素质的执法队伍，公务员要有法治意识，具体就是要率先垂范，严格守法，做全社会遵守法治的楷模。公务员还要严格执法，在依法行政的过程中不断提高执法能力，培育人民群众对法律的信仰。最后，要完善监督机制，对政府依法行政过程进行全程监督，对于一些地方、一些部门和个别行政人员以权谋私、滥用职权、有法不依、执法不严等问题要坚决按照法律规定进行严厉惩处，维护法律的尊严，提高政府人员依法行政的能力。只有这样，才能提高政府的公信力和执行力，才能真正体现司法为民和公正司法的理念，树立起良好的政府形象。

第四，加快司法体制改革，建立司法为民和公正司法的环境。司法是社会公平正义的最后堡垒。司法实践对于法治环境的培育是非常重要的。公正的司法，才能使公民对法律产生信任感，对公正才会有信赖感，才会产生法治环境优良的感受。相反，不公正的司法行为，会削弱人民群众对法治的信仰，长此以往，整个社会会产生严重的信任危机。所以，要加快司法体制改革，保证公正司法，提高司法公信力。首先要确保审判权和检察权能够独立公正行使。司法独立是司法公正的前提，要使审判活动和检察活动能独立自主地进行，不受党政机关和领导干部的干预。对于干预司法机关办案的领导干部要追究其领导责任，严重的要追究刑事责任。其次要严格司法。严格司法是良好的法治环境的具体表现，也是人民群众最根本最迫切的要求。严格司法要求既重视实体公正，以事实为依据，以法律为准绳，也要注重程序公正。再次，保障人民群众参与司法。落实司法公正需要人民群众的普遍参与。

司法公正关系到普通老百姓的切身利益，一定要在司法的过程中加大人民群众的参与力度，使司法活动真正以人民群众的利益为中心。所以要完善人民陪审员制度，保障公民的陪审权力，在司法调解、听证等司法活动中保障人民群众参与。最后，要落实司法公开，加强对司法活动的监督。保障人民群众对司法工作的知情权、参与权、表达权和监督权，就要构建开放、动态、透明、便民的阳光司法机制。坚持推进立案公开、庭审公开、执行公开、听证公开、文书公开、审务公开，杜绝暗箱操作，以公开促公正，这样，人民群众才能对司法活动的公正性有信赖感，整个社会的法治公正的氛围才能形成。

（二）法治环境的营造需要建设社会主义法治文化，弘扬社会主义法治精神

法治不仅是一种治国方式，其归根结底还表现为一种文化、一种精神，一种生活方式。"法律的权威源自人民的内心拥护和真诚信仰。人民权益要靠法律保障，法律权威要靠人民维护。"[1]建设公正为民的法治环境，需要在全社会弘扬社会主义法治精神，建设社会主义法治文化。这样才能形成维护法治、建设法治的良好氛围。中国特色社会主义法治文化，包括法治精神、法治意识、法治观念、法治价值、法治原则、法治思想、法治理论等，以及社会大众的法治立场、法治心理、法治信仰等，是社会主义法治理论与社会主义法治实践相统一的集中体现。[2]建设社会主义法治文化，需要增强法治观念，在全社会弘扬社会主义法治精神，传播法治价值，使人民认识到法治是维护每个人自身权利的基本方式，也是整个国家治国理政的基本方式。

中国特色社会主义法治文化是社会主义先进文化的重要组成部分，彰显法治、民主、自由、平等、公正等价值理念，具体而言，以下几个方面的内容不可或缺。首先，要坚持党的领导。中国特色社会主义法治文化的最大特点就是要坚持党的领导。党的领导是中国特色社会主义最本质的特征，是中

---

[1]《十八大以来重要文献选编》中，中央文献出版社2016年版，第172页。

[2] 何康：《努力建设中国特色社会主义法治文化》，《思想理论教育导刊》2017年第5期，第78页。

国特色社会主义制度最大的优势。[①]中国特色社会主义法治建设离不开中国共产党的领导，脱离党的领导，我们的法治建设就会走向歧路，我们的法治文化就会变质。所以我们一定要加强和改善党的领导，把党的领导作为社会主义法治最根本的保障，贯彻到依法治国的各个方面和全过程。这也是我国社会主义法治建设的一条基本经验。其次，要坚持人民的主体地位。中国特色社会主义法治文化要体现人民的主体地位。这也是与资本主义法治文化的最大区别，是对资本主义法治文化的超越。推进中国特色社会主义法治文化，要保障人民的主体地位，弘扬以民为本、立法为民理念，使社会主义法治真正维护最广大人民的根本利益，保障最广大人民群众的基本权利。再次，中国特色社会主义法治文化要坚持法律至上的理念。法律至上是最基本的法治理念，是指法律在整个社会规范体系中具有最高权威，任何个人和组织都没有超越法律的权力。法律至上观念首先表现在宪法的最高权威性，宪法是国家的根本大法，任何组织和个人都必须遵循宪法的规定。法律至上观念还表现在法律面前人人平等，任何人都没有凌驾于宪法和法律之上的特权，都要服从于法律的规定。传播法律至上理念是进行社会主义法治文化建设的本质要求，社会中的每一个人都要树立法律信仰，坚持法律至上，自觉遵守法律、坚决捍卫法律，营造一个良好的法治环境。最后，中国特色社会主义法治文化要体现出对于社会公平正义的维护。"促进社会公平正义是政法工作的核心价值追求。从一定意义上说，公平正义是政法工作的生命线，司法机关是维护社会公平正义的最后一道防线。政法战线要肩扛公正天平、手持正义之剑，以实际行动维护社会公平正义，让人民群众切实感受到公平正义就在身边。"[②]没有公平正义，也就没有法治文化。公平正义理念是法治文化的核心理念。要在立法执法司法的过程中体现出公平正义，使人民群众真正感受到法治的力量，从而为法治环境的构建创造更加良好的条件。

　　法治文化的建设要从多方面入手，需要长期的建设和积累，最终使法治成为深层次的社会心理。首先，要培养法治意识和法治观念，法治意识和法治观念是法治文化的基础。法治文化的培养要从法治意识的养成开始，把对

---

　　① 习近平：《决胜全面建成小康社会 夺取新时代中国特色社会主义伟大胜利——在中国共产党第十九次全面代表大会上的报告》，人民出版社2017年版，第20页。
　　②《习近平谈治国理政》，外文出版社2014年版，第148页

法治的信任和信仰转化为人们的内心自觉。为此，要搭建法治文化建设平台，创建在机关事业单位、社区和群众文化场所内的法治宣传阵地，出版有影响力的法治文化作品，增强法治文化的影响力、渗透力和感染力，使人民群众对法治文化有切身的感受，从而能够自觉遵守法律，自觉地依照法律的规定进行各种活动。要推进多层次多领域的依法治理，坚持系统治理、依法治理、综合治理、源头治理，提高社会治理的法治化水平，增强人民的法治意识，强化人们的法治观念。其次，要树立法治思维，领导干部要提高运用法治思维和法治方式的能力。对于领导干部来讲，不仅要有法治意识、信仰法治，而且要把对法治的信仰转化为法治思维和运用法治处理问题的能力。在工作当中做决策、办事情要依法行事，把法律作为开展工作的基本遵循。要明确领导的权力来自于人民的授权，要做到法定职责必须为，法无授权不可为。法治思维还要求领导干部要时刻把人民群众的利益放在首位，保护人民群众的权利，接受人民群众的监督。这样才能真正形成法治思维，做到按照法治的方式进行活动。最后，法治文化的建设离不开道德建设。法律和道德都是维护社会正常秩序的方法，两者的区别在于发挥作用的范围不同。法律是成文的道德，道德是内心的法律，两者之间具有内在的统一性。一些道德规范可以转化为法律，通过法律的强制力来强化道德作用；法律规范的内涵必须符合道德的规范，要增强法律的道德底蕴。所以，法治文化的培育离不开道德的作用。要把法治文化的培养和道德培养结合起来，在全社会弘扬社会主义核心价值观，开展社会公德、职业道德、家庭美德和个人品德教育，提高整个社会的思想道德水平，促进法治文化的建设和发展。

（三）加强法治宣传教育活动，营造崇法、尚法、守法的社会环境

人民群众是法治活动的重要主体，也是法治环境建设的主要力量。公正为民的法治环境的建设离不开广大人民群众的广泛参与。要加强对人民群众的法治教育，法治环境的建设要从每一个公民做起。加强人民群众法治教育是社会主义法治环境建设的基础。通过对人民群众进行法治宣传教育可以使人民对自身主体身份有正确认识，从而形成正确的政治态度和法律意识。特别是现在，我国多数人的法律意识还有待提升，掌握的法律知识还极为有限，

根源在于我国有相当多的人受教育程度较低，没有相应的法律知识的积累，一些欠发达地区、偏远的农村地区的普法宣传教育开展得还比较少。所以要深入开展法治宣传教育活动，从各个层面、各种途径加强人民群众对法治的认知，逐步培养其法治精神，在全社会形成信仰法治的氛围。

知法是守法的前提，不具有相应的法律知识，是难以做到严格遵守法律的，更难以谈到法治意识和法治精神的培养。我国是一个人口大国，人们的受教育程度不一，所掌握的法律知识的差异较大，为此要加大对法治的宣传力度，多方面普及法律知识，做好法治的基础性工作。应该明确法治宣传的主体，要多管齐下，既重视专门机关的宣传，也重视其他各部门的宣传工作。实施"谁执法谁普法"的普法责任制。司法行政部门是法治宣传的专门负责机构，要把普法工作作为其工作考核的主要指标。另外具体的执法部门也要积极进行普法工作，应该调动这些执法部门的积极性，在进行执法工作的同时，主动进行普法宣传工作，使普法活动在全社会蔚然成风。应该加强普法讲师团、普法志愿者队伍建设，扩大普法主体，法治宣传的载体应该多元化，既重视传统载体如报纸期刊、广播电视等传播平台，更要重视新型媒体如微博、网站、微信等的传播作用，这些新兴媒体受众面广，传播迅速，在法治宣传当中能够发挥更加重要的作用。要积极探索多样的法治宣传形式，使严肃的法律问题通过公益广告、文艺作品等人民群众喜闻乐见的形式展现出来，强化法治宣传效果。要大力倡导全民学法、用法、守法、护法，将一切有接受教育能力的公民作为法治宣教的对象，在全社会共同培育崇尚法律的法治自觉。

（四）要创建优质的法律服务环境

法治环境的建设是一个综合系统，其中法律服务环境是一个重要的组成部分。法律服务是沟通人民和法律之间的重要媒介，完善的法律服务环境对于公正为民的法治环境的建设具有重要意义。社会的发展和法治观念的逐渐深入人心，使人民群众对法律服务的要求越来越迫切。法律服务环境的建设情况直接影响着人民群众对于法治环境的感受。现在我国正处于全面深化改革和全面建成小康社会的关键时期，法律服务行业的不断发展壮大可以为我们提供更好的发展环境。所以，创建优质、诚信、规范的法律服务环境，是当前我们进行法治建设的一个重要环节。为此，党和政府应该认识到法律服务行业的重要性，出台相关推进法律服务业快速发展的政策意见，加快这一行业的发展，为经济社会发展提供良好的法律服务。不仅如此，还要充分利用法律服务人员的专业知识为社会发展服务，鼓励法律服务人员参与社会事务管理，将法律服务业与创新社会管理和改善民生结合起来。

政府要给法律服务主体如律师等提供良好的执业环境，充分保障他们在执业当中的权利，让律师的作用得到发挥，为公正的法治环境建设提供支持。政府要重视律师的作用，积极建立政府法律顾问制度。要发挥律师的专业特长，主动聘请律师作为政府法律顾问，让公职律师在政府依法行政过程中扮演重要角色。比如可以在一些重大决策过程中征询律师的意见，对于制定的政策措施可以让律师进行法律审查，防止出现法律风险。政府要规范法律服务市场，促进法律服务业健康发展。政府要加大对法律从业人员的培训投入，对法律服务从业人员进行职业道德教育，强化行业自律，规范职业行为，对违法违规的从业人员要及时进行惩戒处理，净化行业发展环境。法律服务从业人员也要提高自身业务素养，大力开展法律顾问、公证业务等服务，为企事业单位的发展提供规范的法律服务，预防和防范法律风险，为公正有序市场环境的营造提供帮助，为公正为民的法治环境的建设作出应有的贡献。

二、培育德才兼备的法治人才

法治人才是指拥有丰富的法律知识、掌握一定的法律技能，能够服务于中国特色社会主义法治建设，具有法治精神和法治思维，从事立法、执法、司法、法律服务等工作的专门人才。法治人才活动于法治领域，是法治事务方面的专家，具有正规化、专业化、职业化的特征。在推动中国特色社会主义法治体系的建设过程中，法治人才的培养至关重要。党的十八届四中全会指出："全面推进依法治国，必须大力提高法治工作队伍思想政治素质、业务工作能力、职业道德水准，着力建设一支忠于党、忠于国家、忠于人民、忠于法律的社会主义法治工作队伍，为加快建设社会主义法治国家提供强有力的组织和人才保障。"①我国的法治工作队伍包括在人大和政府从事立法工作的人员，在行政机关从事执法工作的人员，在司法机关从事司法工作的人员，还包括律师、公证员、人民调解员等构成的法律服务人员以及从事法学教学研究的专家队伍。建设法治国家必须依靠高素质的法治工作队伍。"徒法不足以自行"，法治的推行离不开人的因素，立法、执法、司法等工作都必须有高素质法治人才的参与才能产生良性结果。

（一）全面推进依法治国需要建设一支高素质法治人才队伍

建设高素质法治专门队伍，培养德才兼备的法治专门人才是全面推进依法治国的重要任务。为此，不仅要加强法治专门人才的业务素质，培养具有法治思维和法治精神的法治人才，而且要加强思想政治建设，深入开展社会主义核心价值观和理想信念教育。要培养一批忠于党的事业，坚持人民利益，崇尚宪法至上理念的新时代的法治专门人才，如此才能快速推进我国的法治建设。

从立法工作来看，高素质法治工作队伍是指立法者在立法工作中能够代表人民群众的根本利益，能够以系统的法学知识和专门的法学思维从事立法工作，制定出符合中国特色社会主义法治体系要求的良法。所谓良法，即所制定的法律要遵循正义、道德、公平、正当程序、个人权利和尊严的理念，并且在现实的政治和法律制度中加以贯彻。②立法者要以制定良法为目标，提高立法质量，为此必须建设高素质的立法工作队伍。我国的立法工作队伍包括人大的工作人员，也包括享有立法权的行政机关的立法工作人员，还有最高人民法院和最高人民检察院中起草司法解释的工作人员。立法工作队伍必须不断提高自己的专业知识水平，提高思想政治素质，努力提高立法质量。为此，要实施立法人才发展战略，鼓励和吸引高素质的法治人才参与立法工作，面向社会选拔优秀的立法人才，比如可以吸收社会上学历较高、业务熟练的资深律师参与立法工作。还要提高立法人才的待遇，使其成为社会发展的中坚力量，成为人人艳羡的专门人才。

---

① 《十八大以来重要文献选编》中，中央文献出版社2016年版，第174页。
② 蒋传光：《良法、执法和释法》，《东方法学》2011年第3期，第145页。

从执法工作来看，建设一支思想政治素质高、业务能力强的行政执法队伍至关重要。我国正处于一个社会深刻变革的时期，社会利益关系复杂化，人们的思想观念的差异性越来越大，这对于我们的行政执法工作提出了严峻的挑战。为此，不仅要建立统一的行政执法队伍，而且要积极吸收具有法治思维和法治精神的法治人才到行政执法的工作岗位上来，建立政府法律顾问制度，发挥政府法律顾问在制定重大行政决策、推进依法行政中的重要作用。

从司法工作来看，高素质的司法工作者是促进公正司法的基本条件。司法公正是由司法工作者决定的，没有司法工作者的清廉、高效和公正，法律对于社会和人民群众的保障作用就是一句空话。所以，由法官、检察官为主体的司法工作队伍的建设至关重要。要"推进法治专门队伍正规化、专业化、职业化，提高职业素养和专业水平"[①]，首先要完善法律职业准入制度，健全国家统一法律职业资格考试制度，从入口处严格管理，选拔出优秀的法学人才充实法官、检察官队伍。其次要从符合条件的律师、法学专家中招录法官、检察官，确保法官、检察官具有较高的法律知识和能力。最后要建立法官、检察官逐级遴选制度，保障法官、检察官的逐级晋升通道畅通，使基层法官、检察官能够通过特定的通道进入到上一级法院和检察院。"司法人员要刚正不阿，勇于担当，敢于依法排除来自司法机关内部和外部的干扰，坚守公正司法的底线。"[②]司法工作者要坚守职业信仰，把维护人民群众的利益作为自己职业的根本，让人民群众在每个案件的审理过程中都能感受到司法的公正和法律的尊严。

（二）加强法律服务队伍建设

法律服务队伍是进行法治建设的重要队伍。律师是法律服务队伍的主体。对于我国而言，加强律师队伍的建设任务更加艰巨。我国律师队伍的建设起步较晚，随着市场经济的发展和法治建设的不断深入，律师群体在依法治国当中发挥的作用越来越重要。所以，应该加大对律师群体的重视，加强对这一群体的支持和引导，发挥其在法治建设当中的作用。

---

①《十八大以来重要文献选编》中，中央文献出版社2016年版，第175页。
②《十八大以来重要文献选编》中，中央文献出版社2016年版，第190页。

首先要加强对律师的思想政治教育，提高律师走中国特色社会主义法治道路的自觉性，把律师队伍建设成一支支持社会主义法治道路、服务于社会主义法治建设的专业队伍。我国的律师本质上是社会主义法律工作者，其不仅要为当事人提供专业的法律服务，而且也是社会主义法治的建设者，承担着维护司法公正、推进法治建设的重任。所以，律师必须坚持正确的政治方向，不能成为社会主义法治道路的破坏者和阻碍者。要引导广大律师人员坚定中国特色社会主义道路自信、理论自信、制度自信和文化自信，坚定中国特色社会主义法治道路的正确性和必然性，使律师队伍成为中国特色社会主义法治体系建设的重要参与者和法治道路的坚定支持者。

其次，要提高律师的业务水平，增强其为人民群众服务的职业能力。要加强律师队伍建设，形成社会律师、公职律师、公司律师等分工合作、优势互补的专业队伍。律师是专业法律服务人才，必须具有扎实的法律业务知识和能力，才能为广大人民群众提供专业的法律服务，律师群体应该自觉提高自身的业务水平，不断进行法律知识的学习。要加强对律师的业务培训和指导，把以往单打独斗式的执业方式转变为团队式的执业方式，防范执业风险，提高整体执业能力。

最后，要加强对律师行业的管理，规范律师职业行为，对于违反职业操守和职业道德的行为要及时加以处罚，完善准入和退出机制，使不合格律师能够自动淘汰出律师队伍。司法行政机关是政府监管律师行业的职能部门，要发挥好自身的职能，完善制度管理，加强对律师市场秩序的维护。发挥律师协会的自治作用，一方面要通过律师协会来保障律师的合法权利，维护律师正常执业的环境，另一方面要对律师进行职业道德和执业纪律的检查、监督和管理，共同维护律师行业的正常秩序。

公证员、基层法律服务工作者和人民调解员也是我国法律服务队伍的重要组成部分，对于我国的法治建设有着不可替代的作用。要发挥好公证员、基层法律服务工作者和人民调解员的作用，提高他们的法律素养，发挥他们服务基层人民群众的作用，把基层法律工作做得更加扎实有效，为我国法治环境的建设添砖加瓦。不断扩大法律服务志愿者队伍的规模，法律服务志愿者可以辅助法治工作的推进，可以加强法治的宣传工作，使法治的观念深入到每个老百姓心中，可以解决一些地方和基层法律服务资源不足的问题，所以必须重视这一群体的重要作用。

（三）加强法治人才的培育

法治人才是进行法治建设的根本。2017年5月3日，习近平总书记在中国政法大学考察时特别强调："全面推进依法治国是一项长期而重大的历史任务，要坚持中国特色社会主义法治道路，坚持以马克思主义法学思想和中国特色社会主义法治理论为指导，立德树人，德法兼修，培养大批高素质法治人才。"①为此必须创新法治人才培养机制，培养和造就坚持中国特色社会主义法治体系、推动中国特色社会主义法治建设的法治人才及其后备力量。培养法治人才，要坚持以下几个原则。

第一，培育法治人才要坚持本土与国外并重。一方面，法治建设必须从本土出发，借鉴和吸收中华传统法律文化的精华，结合我国国情，用中国理论解决中国问题，不能照搬国外法学理论。另一方面，法学人才的培育要有国际眼光，现在是全球一体化的时代，要适应法治全球化，就必须培育通晓国际法律知识，掌握国际规则的人才，这样才能参与全球治理，推进我国国际关系的法治化。

第二，培育法治人才，要使技能和品德并重。大学的法学教育要培育德才兼备的法治人才。不仅要具有科学的世界观和方法论，掌握丰富的法学知识和法律技能，而且要成为一个品德高尚的人。特别是对于法学人才的培养，如果从事法律学习的大学生的品格低下，是不可能真正信仰法律，不会真正具备法治精神的，这样的人虽然具有丰富的法律知识和法律技能，但是将来毕业后在社会中只是法律知识的贩卖者，不会成为法治社会的建设者，不会成为法治精神的传播者。所以我们的法学教育不仅要培育法律素养，传授法律知识，更重要的是立德树人，培育具有法治精神和高尚品格的法学人才、德法兼修的人才。要解决好培养什么样的人、如何培养人以及为谁培养人这个根本问题。把思想政治工作贯穿于法学教育教学全过程。使大学生不仅具

---

① 《立德树人德法兼修抓好法治人才培养　励志勤学刻苦磨炼促进青年成长进步》，《人民日报》2017年5月4日，第1版。

备精深的法学理论，而且能够成为忠于党、忠于国家、忠于人民、忠于法律的法治人才。

第三，培育法治人才要注重理论与实践的结合。法学教育不仅要注重法治理论的学习，而且要从实践入手，注重理论与实践的结合。法学教育的目的是要解决现实生活中发生的各种法律问题，因此，要处理好知识教学和实践教学的关系，在加强理论学习的同时，引入优质的实践教学资源进行实践教学，使学生能够在实际的法律案件的审理过程中，在法治工作的推进过程中学习提升法学理论，树立法治精神。

大学是进行法治人才培养的主要阵地。必须大力加强大学法学教育，用马克思主义法学思想和中国特色社会主义法治理论全方位占领高校、科研机构法学教育阵地，加强法学基础理论研究，形成完善的中国特色社会主义法学理论体系、学科体系、课程体系。为此，要加强法学教师队伍建设，打造一支"政治立场坚定、理论功底深厚、熟悉中国国情的高水平法学家和专家团队，建设高素质学术带头人、骨干教师、专兼职教师队伍"[①]。要加强师德师风建设，引导广大教师以德立身。法学教师要带头践行社会主义核心价值观，在日常教学中贯彻立德树人的要求。

要对法学教学和科研人员进行系统的马克思主义法治教育，特别是加强对中国特色社会主义法治理论教育，让他们成为对中国特色社会主义法治理论的坚定支持者和拥护者，不仅要有理论自觉而且要有理论自信。我们的法治理论教育起步较晚，中国特色社会主义法治理论体系、法治话语体系的研究还处于初级阶段。西方法治理论对于我们的法学教学和科研队伍的影响较深，目前，我们亟须确立和加强中国特色社会主义法治理论在教学和科研中的主导地位，让中国特色社会主义法治理论进教材、进课堂、进头脑，才能达到培养适合我国法治建设需要的法治人才。所以，要让我们的法学教师和科研队伍认识到我们的国情，认识到我们处于并将长期处于社会主义初级阶段，要从这个国情出发考察中国的法治问题，构建中国的法学理论。这样才能克服对于西方法学理论、法治模式的迷恋，认识到西方的法治模式解决不了中国问题。在法学教师队伍中要贯彻"以人民为中心，以人民为主体"的

---

① 《十八大以来重要文献选编》中，中央文献出版社2016年版，第176页。

人民观，特别是中国特色社会主义法学理论一定要以保护人民群众的根本利益为出发点和落脚点，掌握这样的观点和理论的法学教师和研究者就保障了自己的人民立场，这样才能保障我国的法学教育不会偏离正确的方向和轨道。法学教师也要加强自身修养，深入学习中国特色社会主义法学理论，自觉成为中国特色社会主义法治建设的参与者和践行者。

要创新法治人才培养的机制，对法学学科体系和课程体系进行优化。正如习近平总书记所讲："我们有我们的历史文化，有我们的体制机制，有我们的国情，我们的国家治理有其他国家不可比拟的特殊性和复杂性，也有我们自己长期积累的经验和优势，在法学学科体系建设上要有底气、有自信。要以我为主、兼收并蓄、突出特色，深入研究和解决好为谁教、教什么、教给谁、怎样教的问题，努力以中国智慧、中国实践为世界法治文明建设作出贡献。"①所以，要把中国特色社会主义的理论贯穿于法学理论的各个方面，形成中国特色社会主义法学学科体系和课程体系。要把反映中国特色法学理论的最新研究成果及时补充到教材当中和课程体系当中，要把中国特色社会主义法治理论和法学课程体系相统一，培养出符合中国特色社会主义法治建设要求的法治人才。要以中国特色社会主义法学理论体系、学科体系、课程体系的建设为根本要求，努力提高教师的教学科研水平。要加强法学基础理论研究，形成完善的中国特色社会主义法学理论体系、学科体系、课程体系、组织编写和全面采用国家统一的法律类专业核心教材。

对于法治人才培养的教学方式和方法要进行改进。法学是实践性很强的学科，要处理好知识教学和实践教学的关系。为此，在法学教学当中就要注重理论教学和实践教学的结合，把同实务部门的联合培养规范化，为大学生提供更加丰富和高效的实践教学。法学教师也要主动到司法机关或立法机关挂职锻炼，把法学理论运用到法治实践当中去，实现理论与实践的结合，促进我国法治建设的开展。教师要积极到实务部门、到基层进行锻炼，了解法治实践、了解实践对理论的要求。实践部门的法治工作人才也要到高校和科研院所进行交流，把自己在法治实践过程中的经验同法学教师和研究人员进行交流，这样才能形成复合型的法学人才，才能使法学教育和科研工作取得

---

① 《立德树人德法兼修抓好法治人才培养 励志勤学刻苦磨炼促进青年成长进步》，《人民日报》2017年5月4日，第1版。

更大的进步。法治人才的培养要注重对法治人才进行道德教育和法治教育。法学教育不仅要把大学生培养成为掌握丰富法律知识的人才，而且要立德树人，大学生还应该是具有高尚的道德情操，具有坚定的法治信仰和法治观念的群体，这样我们的大学生进入到社会中后才能既是弘扬社会主义核心价值观的时代新人，还是尊法、守法、崇法的法治新人。

总之，中国特色社会主义法治人才的培养是一项重点任务，需要各个部门、各种力量共同努力才能取得好的结果。为此，各级政府、政法部门、教育机构、律师行业应该积极努力，共同营造一个良好的法治人才培养的环境，打造有利于法治人才培养的良好机制，为我国培养出越来越多的中国特色社会主义法治人才。

三、发挥领导干部模范带头作用

领导干部在落实依法治国基本方略和加强社会主义法治建设的过程中发挥着决定性作用。"各级领导干部在推进依法治国方面肩负着重要责任，全面依法治国，必须抓住领导干部这个'关键少数'。这也就是我们党一直强调的，政治路线确定之后，干部就是决定因素。"①领导干部的重视、支持和参与是法治建设能否成功的关键。领导干部是社会和公众的楷模，发挥着率先垂范的先锋模范作用，如果领导干部能够依法办事、遵纪守法，将会极大地促进整个社会的法治建设进程；相反，如果领导干部违法乱纪、贪赃枉法，则会对我国的法治建设造成极大的障碍。所以，领导干部是否能够发挥模范带头作用，对于我国法治的建设具有重要意义。

（一）领导干部要努力带头尊法、学法、守法、用法

全面推进依法治国是一场具有深远意义的革命，需要全社会的共同努力。领导干部作为党依法治国的中坚力量，是全面推进依法治国的重要组织者、推动者、实践者，在建设社会主义法治国家进程中担负着重要责任，发挥着形象塑造和榜样引领的作用，关系着法治建设的成效。所以，领导干部要做

---

① 《习近平关于全面依法治国论述摘编》，中央文献出版社2015年版，第118页。

尊法的模范，带头尊崇法律、敬畏法律。领导干部要树立法治观念，对宪法法律心存敬畏，培育法治精神和法治素养。领导干部要坚定不移走以人民为中心的法治道路，积极进行法治文化建设，在全社会营造尊崇法律的氛围，真正将宪法意识和法律意识内化于心、外化于行。领导干部要做学法的模范，带头熟悉法律、了解法律、掌握法律。要系统学习法学基本理论，学习中国特色社会主义法治理论，学习宪法、学习同自己的本职工作密切相关的法律法规，对于法律制度中对权力使用的规定要有明确清楚的认识，防止擅权、滥权现象的发生。"各级领导干部尤其要弄明白法律规定我们怎么用权，什么事能干、什么事不能干，而不能当'法盲'"。①努力使领导干部成为法治理论学习和实践的行家里手。要建立领导干部法律培训制度，把领导干部的法律培训作为一项重要工作去完成，提高领导干部的法律素养。领导干部要做守法的模范，带头遵纪守法、捍卫法治。每一位领导干部要牢记法律红线不可逾越、法律底线不可触碰，坚持依法用权，自觉接受监督，带头营造办事依法、依法办事、遇事找法、解决问题用法、化解矛盾靠法的法治环境。领导干部要做用法的模范，带头厉行法治、依法办事。要把对法治的尊崇、对法律的敬畏转化成思维方式和行为方式，善于运用法治思维和法治方式想问题、做决策，要善于将经济社会发展中出现的问题转化为法律问题，形成依法办事的习惯和意识，在深化改革、促进发展的过程中要不断加强法治意识和法治思维，运用法治方式去解决法治过程中的矛盾和问题，保护普通人民群众的合法利益，实现社会的稳定和发展。

领导干部要正确看待人民赋予的权力。依法治国、依法执政和依法行政是统一的。领导干部是党执政和行政的骨干力量，肩负着推进依法治国的重任。领导干部在法治建设的过程中要发挥模范带头作用首先体现在依法执政和依法行政当中。由于党员领导干部的特殊身份，是直接行使权力的群体，是治理国家的主要依靠力量，所以，必须明确其执政、治国的权力来自于人民的授权。各级党组织和领导干部要深刻认识到，党执政的根基在于人民群众，是人民群众通过一定的法律程序授权给领导干部进行国家的治理。所以，领导干部应该坚持依法治国、依法执政和依法行政的有机统一，不仅要做到

---

① 《习近平关于全面依法治国论述摘编》，中央文献出版社2015年版，第123页。

权为民所用，不谋私利，而且要做到权力的运用必须依照法律的程序内容进行，不能凌驾于法律之上。领导干部要带头维护宪法法律权威，维护宪法法律权威就是维护党和人民共同意志的权威，领导干部要带头遵守法律，不能以言代法、以权压法、徇私枉法。要做好对权力的监督，不受监督的权力容易被滥用，所以要强化监督，特别是对领导干部中一把手的监督，加强对领导班子的监督，通过多种方式形成覆盖全面的监督网络，让领导干部真正做到依法执政、依法行政。

领导干部队伍当中的党员干部要严格遵守党内法规。党内法规是党的中央组织以及中央纪律检查委员会、中央各部门和省、自治区、直辖市党委制定的规范党组织的工作、活动和党员行为的党内规章制度的总称。①"善为国者必先治其身。"党员干部要发挥模范带头作用，首先必须严格遵守党内法规法制。党内法规是规范党员行为最基本的依据，是防止党员干部腐败变质的基本防线，是全面依法治国的有力保障。中国共产党是中国工人阶级的先锋队，同时是中国人民和中华民族的先锋队，是中国特色社会主义事业的领导核心，所以对于党员干部的要求要严于普通群众。只有这样才能保证中国共产党的先进性，才能担负起依法治国的重任。党章是最根本的党内法规，全体党员必须严格遵行。党的各级组织和广大党员干部不仅要模范遵守国家法律，而且要接受党纪党规的约束，严格按照党纪党规要求自己，以实际行动践行党的宗旨。要尽快完善党内法规体系，形成完备的党内法规制度体系。同时要使党内法规同国家法律相衔接相协调，切实把党要管党、从严治党落到实处。2015年10月，中国共产党完成了对《中国共产党廉洁自律准则》和《中国共产党纪律处分条例》的修订，2018年8月，再次修订的《中国共产党纪律处分条例》颁布实施，党内法规建设已经取得重大进展。对于党员干部违反党规党纪的行为必须尽早查处，防患于未然，防止违纪演变成违法。在当前形势下，要坚决反对各种形式主义、官僚主义、享乐主义和奢靡之风，深入开展党风廉政建设和反腐败斗争，构建一个拒腐防变的机制，防止党员干部违法违纪行为的发生，使党员干部能够主动遵守党内法规和国家法律，发挥模范带头作用。

---

① 姜明安：《论党内法规在依法治国中的作用》，《中共中央党校学报》2017年第2期，第73页。

（二）领导干部要具有法治精神

法治精神是法治的灵魂，领导干部要推进依法治国，法治精神不可或缺。法治精神是指人们具有坚定的法治理念和法治信仰，能够领悟法治的原则和法治的重要意义，对宪法和法律充满敬畏之心，具有良好的法律素养。领导干部要以法治精神和法治理念为先导，深刻把握法治精神的价值内涵，形成正确的权力观、政绩观和权利意识，自觉培育法治精神。

法治精神的获取首先要得益于法治信仰的形成。"法律的权威源自人民的内心拥护和真诚信仰。人民权益要靠法律保障，法律权威要靠人民维护。"[1]信仰法律是运用法律的前提，只有从内心对法律的作用有深刻的认识，才会运用法治思维去思考问题，才能理解法治精神的内涵。领导干部作为人民中的先进分子，肩负着带领人民推进全面依法治国的重任，更应该从内心树立法律信仰，让法治的精神内化于心、外化于行。

法治精神的培育要从尊崇宪法开始。要培育宪法意识，树立宪法权威，切实发挥宪法根本大法的作用。宪法是一个国家法治体系的根基，建设一个国家的法治文化，必须从提高全体人民的宪法意识开始。习近平总书记指出："我们要在全社会加强宪法宣传教育，提高全体人民特别是各级领导干部和国家机关工作人员的宪法意识和法制观念。"[2] 要牢固树立宪法法律至上、法律面前人人平等、权由法定、权依法使等基本法治观念。要牢固树立法治观念，提高法治素质，成为学法、用法的楷模。领导干部要主动提高自身的法治素养，不断学习，努力实践，在实际工作当中培育法治精神。

法治精神的培育要从反对人治开始。法治的反面是人治，在法治社会里，法治的重要作用就是限制权力的膨胀和滥用。领导干部作为权力的使用者，容易受到权力作用的迷惑，从而滥用权力，推行人治。许多领导干部之所以违法乱纪就是因为滥用权力，推行人治，这些领导干部并不是不了解法律，相反他们对法律的了解程度要高于普通群众，他们之所以滥权、擅权，根本原因是他们并没有对法律的信仰，在实际工作当中故意混淆人治和法治的界限。把人治当作法治去施行，出现较多的有法不依、违法不究、知法犯法等现象。

---

① 《十八大以来重要文献选编》中，中央文献出版社2016年版，第172页。
② 《十八大以来重要文献选编》上，中央文献出版社2014年版，第91页。

（三）领导干部要提高法治思维和依法办事能力

党员干部在依法治国的过程中具有举足轻重的作用，他们是否能够遵纪守法、秉公执法、严格司法取决于其法治思维能力和依法办事能力的高低。要提高党员干部法治思维和依法办事能力，使其在实际工作当中自觉运用法治思维和法治方式去解决问题、维护社会稳定。领导干部尤其要重视法治思维和依法办事能力的培养，反对各种人治思想和人治文化。

法治思维是在法治社会中，基于对法治的崇尚和信仰，能够自觉运用法治理念、精神、原则和逻辑来认识、分析、判断和解决问题的思维方式，是一种理性的思维。[1]法治思维首先是指制定的政策、措施要合乎法律的明确规定或者符合法律精神，也就是要进行合法性审查。其次，法治思维是指这些决策和措施要按照一定的程序进行，不能随心所欲，没有一定的章程。法治思维还要求党员干部要有权利义务意识和公平正义思想。这就要求党员干部在实际工作当中要正确看待自身的权利，权利和义务向来是一体的，享有一定的权利必然要负担一定的义务，不能把人民赋予党员干部的权利作为凌驾于人民的资本。最后，法治思维要求领导干部要在工作当中贯彻公平正义理念，以是否能够体现公平正义作为衡量工作成败得失的一个重要标准。依法办事能力是指依靠法律制度和法律手段管理社会、化解矛盾的能力。法治思维是依法办事能力的前提，依法办事能力是法治思维的具体体现，两者相互促进。法治思维要求领导干部要有运用法律思考问题的能力，从法律的角度思考分析问题、从法律的角度解决问题，真正把法治落地生根。提高法治思维和依法办事能力，可以使法治成为一种普遍的行为模式，成为每个人的基本遵循，使法治社会的形成成为可能。"谋划工作要运用法治思维，处理问题要运用法治方式，说话做事要先考虑一下是不是合法。"[2]只有不断提高领导干部的法治思维能力和依法办事能力，才能把法律应用到实际工作当中，才能使领导干部自觉地在宪法法律范围内活动，才能在全社会形成办事依法、遇事找法、解决问题用法、化解矛盾靠法的良好法治氛围，促进依法治国的进程不断向前发展。

---

① 孙磊：《法治中国进行时》，山西人民出版社2016年版，第267～268页。
②《习近平谈治国理政》第二卷，外文出版社2017年版，第127页。

强调党员干部要具有法治思维，在工作当中采取法治方式，是因为我们党员干部处理党务政务的过程中人治思维严重，习惯于按照会议决议或者上级领导人的讲话、意见处理问题，没有把执政行为纳入到法治化轨道。党员干部应该积极树立法治思维、增强法律意识，为全面推进依法治国做好榜样。为此需要做好以下几个方面的工作。

第一，加强法治认知。现代政治文明的重要特征是法治。从法制进化到法治，是现代社会的重要标志。对于我们国家来说，法治就是要实现依法治国、依法执政和依法行政的有机统一，就是法治中国、法治社会和法治政府的共同推进。对于党员干部来讲，法治就是要提高国家治理体系和国家治理能力现代化。要加强对领导干部的法治教育，通过各种途径提高领导干部的法治素养，丰富领导干部的法治知识。为此要建立领导干部法治教育培训工作长效机制。当前我国的普法教育存在许多问题，针对领导干部的普法教育简单化、随意化，没有相应的工作机制。领导干部的法治培训要常态化，要定期举行领导干部依法治国专题研讨班，由党校（行政学院）统一组织。同时开展多种形式的学法活动，如领导干部法治理论学习研讨会、法治讲座等，营造一种学法、普法的工作氛围。目前要把宪法和基本法律知识的培训作为重点，认识宪法作用，增强宪法意识，领会法治精神，培育法治意识。

第二，重视法治活动。法治思维要具体体现在日常的活动当中。也只有在实际工作当中才能提高依法办事能力。党员干部在工作过程当中要自觉运用法治意识去解决问题，严格遵循法律的具体规定。党员干部还要严格遵守党内法规，用党内法规严格要求自己。党员干部提高法治思维能力，形成在法治基础之上想问题、做决策的习惯，有助于法治理念的宣扬。但仅此并不能解决问题。法治的权威和生命在于法律的实施，这使得法治建设的重点也在于法律的实施，为此要深化行政执法体制改革和司法体制改革，解决法治实施过程中的具体问题，要善于用法治思维和法治方式解决具体问题，让法律制度真正发挥作用。让每一个老百姓从法治活动中都能感受到公平正义。

第三，运用考评机制。《中共中央关于全面推进依法治国若干重大问题的决定》指出："把法治建设成效作为衡量各级领导班子和领导干部工作实绩重要内容，纳入政绩考核指标体系。"①提高领导干部的法治思维和依法办事能力，要从政绩考核入手，把法治建设和依法办事能力作为考察干部的重要指标。所以要完善干部考核评价机制，把领导干部遵守法律、依法决策、依法办事的情况作为干部任用考核的重要内容。要破除干部考核评价中的唯GDP论，在考核指标体系中纳入依法执政、依法行政等内容，"从以往主要考核经济指标，转到主要考核严格实施法律、履行法定职责、维护法制统一和政令畅通，创造良好的投资法制环境上来"②。发挥考核评价的指挥棒作用，领导干部加强法治建设，提高法治思维和依法办事的能力。

第四，完善领导干部责任制度。提高领导干部在工作中的依法办事能力，就要建立一定的责任制度。法律的价值并不仅体现在要求人们能够遵守法律，更应体现为每个人在违反法律的时候都要接受相应的惩罚，领导干部也不能例外。要对领导干部因为不懂法、不知法、不靠法等原因产生的决策失误、工作失误等进行追责，通过国家强制力的制裁，来落实法律责任。在现实生活中，领导干部因决策失误被追责的情形较少，使得领导干部的法治意识淡薄，依法办事能力得不到重视。所以完善领导干部责任制度，依照《中华人民共和国公务员法》等相关法律法规中的归责条款进行追责，使领导干部为自己的违法行为"买单"，这样才能真正提高领导干部的法治意识，提高依法办事能力，减少各种决策失误和工作失误。

---

① 《十八大以来重要文献选编》中，中央文献出版社2016年版，第178～179页。
② 张越：《领导干部运用法制思维和法治方式培训教程》，中国法制出版社2013年版，第429页。

后 记

　　本书是国家社科基金重大项目"中国共产党保持同人民群众血肉联系的理论和实践研究"（项目批准号2017YZD02）的子课题"人民群众与全面依法治国"的结题成果。肖贵清作为子课题负责人承担了相关研究。

　　课题组成员来自国内高等院校和科研机构。各章初稿执笔人为：第一章，肖贵清、唐奎；第二章、第六章，乔惠波；第三章、第四章、第五章，王然。全书由肖贵清提出写作思路，在集体讨论的基础上设计框架结构，并负责对全书进行修改定稿。在本书写作及修改过程中，王然负责了书稿的编务和整理。

　　在本书写作过程中，课题组成员认真学习和研究了党的十八大以来习近平总书记的系列重要讲话，《习近平谈治国理政》第一、二卷，《十八大以来重要文献选编》（上、中、下）等文献资料，并且参考了《习近平新时代中国特色社会主义思想三十讲》和相关的法学理论研究成果。课题组成员围绕全面依法治国战略在顶层设计、具体构架、操作实施等方面的内容，就其如何体现和保障党与人民血肉联系进行了深入思考和研究。

作　者

2019年2月